EL CAFÉ SOBRE EL VOLCÁN

Una crónica del Berlín de entreguerras (1922-1933)

FRANCISCO UZCANGA MEINECKE

LIBROS DEL K.O.

PRIMERA EDICIÓN: enero de 2018

Calle Infanta Mercedes, 92, despacho 511
28020 - Madrid

ISBN: 978-84-16001-81-1
DEPÓSITO LEGAL: M-518-2018
CÓDIGO IBIC: 1DFG, JPFQ, HBTB, KNTJ
ILUSTRACIÓN DE PORTADA Y CUBIERTAS: Susana Palés
MAQUETACIÓN: María O'Shea
CORRECCIÓN: Andrés Molina
IMPRESIÓN: Kadmos

IMPRESO EN ESPAÑA - PRINTED IN SPAIN

Las tipografías son League Gothic y Baskerville.

ÍNDICE

PRÓLOGO

En mi despacho cuelga un bono de cien mil marcos. Es de color verde pastel y fue expedido el 10 de agosto de 1923. Pertenecía a mi bisabuelo, que lo enmarcó y se lo regaló a su hijo. Para que no olvidara. Luego mi abuelo me lo regaló a mí, con la misma intención. Me pareció curioso: ¡un bono de cien mil marcos! Pero lo olvidé. En la última mudanza lo descubrí en una caja que no había abierto desde el traslado anterior. Me volvió a llamar la atención y lo colgué en la pared, encima de mi escritorio.

Con esos cien mil marcos mi bisabuelo podía comprar dos barras de pan o medio kilo de azúcar. O dar una propina al camarero de su local favorito. Hoy día, el bono tampoco vale gran cosa. Porque se conservan muchos; bonos, vales, billetes. Y los de cien mil marcos son discretos; los hay de un millón, de cincuenta millones, de mil millones. Se guardan como recordatorio y como advertencia. La inflación de los años veinte, la época en la que los billonarios pasaban hambre, sigue siendo un trauma para muchos alemanes. Hasta hoy. Dicen que de ahí viene su obsesión por la estabilidad monetaria.

Mi idea inicial era escribir un ensayo sobre el mundo de la cultura en Berlín durante aquellos años de crisis. Luego, buscando información, me topé con el siguiente párrafo:

> Los judíos bolcheviques están sentados en el Romanisches Café y urden ahí sus siniestros planes revolucionarios; y por la noche invaden los locales de esparcimiento de la Kurfürstendamm, se dejan incitar al baile por orquestas de negros y se ríen de las miserias de la época.

Lo escribió Joseph Goebbels, por lo que deduje que el Romanisches Café sería un lugar fascinante. Las pesquisas posteriores lo confirmaron: no era exactamente un nido de revolucionarios, pero eso que Goebbels llamaba «judíos bolcheviques» resultó ser la plana mayor de literatos, artistas e intelectuales que se apiñaban en el Berlín de los años veinte del siglo pasado. Así que mi libro giraría en torno al Romanisches Café.

Se me ocurrió titularlo *El café que odiaba Goebbels*. Pero luego me eché para atrás. No quería darle demasiado protagonismo al personaje —aunque lo acabará teniendo—, y tampoco me hacía gracia que en una búsqueda en Google mi nombre apareciera junto al suyo. De ahí que me decidiera por el título más aséptico que figura ahora en la portada. No es un guiño a Malcolm Lowry, ni un volteo al título de su célebre novela; *Tanz auf dem Vulkan* («El baile sobre el volcán») es una expresión fija alemana para referirse a los turbulentos años dorados de la República de Weimar.

Después de darle algunas vueltas, decidí adoptar la forma de crónica clásica, esto es, una narración histórica en la que se sigue el orden consecutivo de los acontecimientos. Me pareció el género más apropiado para captar la tensión de una época que, de manera más o menos consciente, enfilaba la catástrofe.

Como corresponde a una crónica, y con objeto de agilizar la lectura, he prescindido de las notas a pie de página. El lector encontrará al final la bibliografía consultada. La mayor parte está en alemán. Las traducciones incluidas en el texto son mías. El libro está destinado al lector español o latinoamericano, de ahí que dedique bastante espacio al contexto político, económico y social. Los conocedores sabrán perdonarlo.

He visitado los escenarios del libro (aunque la mayoría de ellos ya son otra cosa). Con ayuda de documentos y fotografías de la época me he tomado la licencia de recrear ciertas escenas. Y he especulado en algunos casos en que me faltaba información. Por lo demás, claro, he tratado de ceñirme a los hechos. Pero no esperen objetividad o neutralidad. En primer lugar, porque, como dijo alguien, ante la peste no se puede ser neutral ni objetivo. Y, en segundo, porque es una quimera pretender trasladarlas al papel; ya solo la selección de escenas, de personajes, incluso de meros adjetivos es subjetiva y parcial. Lo único que se le puede exigir al cronista no testigo es que consulte las fuentes adecuadas, exponga los hechos con rigor y trate de interpretarlos con honestidad. Y que los narre de forma ágil, plástica y amena. Es lo que he intentado.

LA PLACA DE BRONCE
1922

En el café solo hay un cliente. Está sentado a un velador de mármol, con el tronco inclinado hacia adelante, en una postura que realza su joroba. Tiene la tez cobriza, los ojos achinados, la nariz aguileña y la mandíbula fuerte. De la gorra raída se le escapa un mechón aceitoso. Los brazos son largos y las manos huesudas. En la izquierda sostiene un lápiz mordisqueado con el que dibuja en el margen de un periódico. Trabaja absorto. Se oye el rasgueo en el papel y el tintineo de las tazas que enjuaga el camarero. El dibujo va adquiriendo forma de rostro humano: ojos grandes de mirada burlona, mejillas llenas y pelo alborotado. Se empieza a distinguir también el contorno de los labios. Son abultados y carnosos.

Nuestra crónica comienza la mañana del domingo 25 de junio de 1922. En un café de Berlín que ya no existe. La escena podría haber sido más o menos como la que acabo de describir: John Höxter, el cliente eterno, dibuja caricaturas en su mesa de siempre mientras Anton, el barman, se afana en el enorme fregadero de estaño. A esa hora el local olería probablemente a lejía y al humo frío de la noche anterior. Tal vez hubiera alguien más: el portero Nietz quizá, clavado junto a la puerta giratoria, o Fiering, el propietario, repasando las facturas al otro lado de la barra… Seguro que no estaba Kalle, el camarero jefe, porque libraba la mañana de los domingos. Ni tampoco la mayoría de los clientes habituales. Por la hora temprana, por ser festivo y porque el cielo limpio y la temperatura suave invitaban más bien a pasear por el Tiergarten. O a salir de excursión al Wannsee. Pero también porque muchos de ellos estaban haciendo cola delante de la capilla ardiente del Reichstag.

Allí, en la larguísima fila, más de uno aprovecharía la espera para hojear el periódico. Desde la guerra no se recordaban titulares de letras tan desmesuradas: «¡WALTHER RATHENAU ASESINADO!», «¡ATENTADO MORTAL CONTRA EL MINISTRO!». El *Berliner Tageblatt,* el diario más vendido de la capital, traía ya la reconstrucción de los hechos a partir de las primeras declaraciones de los testigos:

> Poco antes de las once de la mañana, el automóvil del Dr. Rathenau bajaba por la Koenigsallee para dirigirse al ministerio. En ese instante, otro automóvil adelantó a alta velocidad al vehículo del Dr. Rathenau, frenó bruscamente y sus ocupantes abrieron fuego con pistolas de cañón largo. El ministro, alcanzado por las balas, sufrió primero una sacudida y se inclinó luego hacia el chófer, probablemente con la intención de indicarle que acelerara y se alejara de allí. Los atacantes aprovecharon ese instante para lanzar una granada de mano al interior del vehículo. Alcanzado de nuevo, el ministro se desplomó hacia atrás bañado en sangre. El coche de los atacantes se alejó rápidamente. Los ocupantes, que llevaban gorras de

color ocre y el rostro parcialmente tapado, fueron vistos por varios testigos. Se trata de dos jóvenes de entre veinte y veinticinco años vestidos con uniforme gris. No se pudo determinar la matrícula del vehículo, ya que estaba cubierta, al igual que el radiador. El ministro sufrió varias heridas en el pecho y en la pierna. Sin duda, la herida mortal fue provocada por la granada, que le arrancó parte de la mandíbula.

La Koenigsallee era una avenida arbolada que cruzaba el barrio de Grunewald y desembocaba en la Kurfürstendamm, ya en el centro de Berlín. El trazado sigue siendo el mismo. No es una obviedad en una ciudad que ha tenido que dislocar tantas calles. Como todo Berlín, Grunewald fue bombardeado durante la Segunda Guerra Mundial, pero, al ser un barrio residencial de las afueras —está situado al sureste, y se integró a la capital en 1920—, no sufrió tantos daños como el centro de la ciudad o los suburbios industriales. De ahí que, en buena parte, haya conservado su fisonomía y siga siendo el elegante y plácido barrio burgués de antes de la guerra.

Grunewald es también una buena opción para salir a pasear un domingo por la mañana. Como hoy mismo, otro domingo caluroso de junio casi cien años después de la muerte de Rathenau. Hasta aquí apenas llegan turistas, y uno puede perderse por los muchos espacios verdes moteados de villas, palacetes y embajadas. Hay también un par de colegios, dos o tres iglesias y algún que otro edificio moderno de apartamentos construido sobre cráteres de obús. Y lagos idílicos rodeados de un césped impoluto y de arbustos podados con tiralíneas. En uno de ellos, una playita invita a darse un chapuzón. En compañía de patos. No me atrevo, pero no por falta de ganas; el clima de Berlín es mejor que su fama.

En un ensanche de la acera de la Koenigsallee, a la altura de la Erdener Straße, se levanta una roca de granito. Al pie de ella duerme una corona fúnebre con las bandas desteñidas y las hojas marchitas. A los lados, dos jardineras rebosan geranios y margaritas, y justo detrás, un bosquecillo de hayas arroja una sombra bienvenida. En la roca hay una placa de bronce incrustada:

A la memoria de
Walther Rathenau,
ministro de Exteriores de la República Alemana.
Cayó en este lugar por mano asesina
el 24 de junio de 1922.
La salud de un pueblo proviene de su vida interior,
de la vida de su alma y de su espíritu.

Berlín está lleno de placas como esta. La memoria histórica asalta a cada paso: en fachadas, en pequeños monumentos que brotan del asfalto, escondida en patios interiores... Incluso en el suelo hay placas conmemorativas, las llamadas *Stolpersteine*, que uno a veces pisa sin querer para levantar de inmediato el pie, asustado por la profanación. Pero esta placa a la sombra de las hayas tiene un significado especial. Porque el asesinato de Walther Rathenau, el ministro de Asuntos Exteriores de la República de Weimar, no solo provocó una enorme conmoción en todo el país, sino que trajo consecuencias funestas para el continente entero. Stefan Zweig, amigo íntimo del ministro y que poco antes había recorrido con él la ruta del atentado, escribió años más tarde en su libro de memorias *El mundo de ayer:* «Con este episodio empezó el desastre de Alemania, el desastre de Europa».

Todas las mañanas, Walther Rathenau se subía al coche que lo llevaba desde su villa de Grunewald hasta la sede del Ministerio de Asuntos Exteriores, en el número 76 de la Wilhelmstraße, muy cerca de la Puerta de Brandeburgo. A pesar de haber recibido amenazas de muerte, nunca llevaba escolta. Y ese día, cálido y luminoso, hizo el trayecto a bordo de un cabriolé. Así que los asesinos lo tuvieron fácil. La prensa que informó a la mañana siguiente del crimen no hacía conjeturas sobre los autores, pero estaba claro que habían sido los ultranacionalistas. Las semanas anteriores se les había visto desfilar por las calles berlinesas al grito de «Knallt ab den Walther Rathenau, die gottverfluchte Judensau». («Pegadle un tiro a Walther Rathenau, el maldito cerdo judío».)

El mismo día del atentado, el fiscal general ordenó interrogar a varios miembros de la Organización Cónsul, un grupo terrorista de extrema derecha que ya había cometido crímenes políticos similares. Las sospechas eran fundadas y, gracias a los interrogatorios y a las descripciones facilitadas por los testigos, se logró identificar a dos miembros de la Organización Cónsul como presuntos autores: Erwin Kern y Hermann Fischer.

La policía los localizó pocas semanas después en el castillo de Saaleck, una población situada a doscientos kilómetros al suroeste de Berlín. El arrendatario del castillo, simpatizante de la organización, les había dado refugio allí. Al ver llegar los furgones, los fugitivos se atrincheraron en el torreón y comenzaron a disparar. Los agentes repelieron el fuego y lograron abatir a Kern de un disparo que entró justo por la tronera. Fischer se suicidó junto al cadáver de su compañero.

Ambos tenían veinticinco años y provenían de familias acomodadas; el padre de Erwin Kern era juez y el de Hermann Fischer, catedrático de Arte. Sus hijos habían combatido en la Gran Guerra y se habían licenciado con el grado de teniente. Y tenían buena formación: cuando se prestaron voluntarios para el atentado, Kern estaba a punto de terminar la carrera de Derecho y Fischer acababa de obtener el título de ingeniero industrial. Se conservan fotos de ellos: dos jóvenes apuestos, rubios y de ojos clarísimos, que miran ufanos a la cámara. La alegría de cualquier madre y todo un futuro por delante.

La Organización Cónsul había surgido del entorno de los *Freikorps*, los grupos paramilitares creados al desintegrarse el ejército alemán tras el armisticio de 1918. La mayoría de los voluntarios de los *Freikorps* eran soldados veteranos que no aceptaban la rendición de Alemania y eran incapaces de integrarse en la vida civil. Muchos de ellos apoyaron el golpe de estado de marzo de 1920 —conocido como el *Kapp-Putsch*—, que pretendía derrocar el régimen democrático de la República de Weimar. El golpe fracasó debido a la mala organización, a la falta de apoyo en ministerios clave y a la resistencia de los sindicatos y partidos de la izquierda. Uno de los instigadores, el capitán de brigada Hermann Ehrhardt, logró esquivar su orden de detención, pasó a la clandestinidad y fundó, en otoño de ese mismo año, la Organización Cónsul.

En el acta fundacional, la Organización Cónsul se presentaba como un grupo de «hombres resueltos e imbuidos de patriotismo» cuyo objetivo era combatir al «elemento izquierdista y judío», culpable, a su juicio, de traicionar a la patria y rendirla al enemigo. La organización nació envuelta en un aire de misterio y secretismo. Apelaba al espíritu de la Santa Vehma, un tribunal clandestino que durante la Edad

Media había sembrado el terror en Westfalia arrogándose el derecho de ejecutar a quienes atentaran contra los mandamientos, la moral o la patria. También el *modus operandi* de la organización reflejaba ese atavismo medieval: cambiaron la soga y la daga por las armas de fuego, pero mantuvieron los códigos secretos, los rituales de iniciación y los conciliábulos donde decidían quiénes serían sus víctimas.

La primera de ellas fue Karl Gareis, el líder de la facción socialdemócrata en el Parlamento Bávaro. Después de luchar en el frente, Gareis entró en política con el antibelicismo por bandera y denunció las actividades clandestinas e ilegales de las milicias fascistas bávaras. Fue acusado de traidor por la prensa ultraconservadora y su buzón empezó a llenarse de cartas amenazantes. Pero no se arredró, siguió reclamando abiertamente la disolución de las milicias e incluso desveló algunos de los lugares donde escondían sus arsenales. Lo mataron el 9 de junio de 1921, cuando estaba a punto de abrir la puerta de su casa en el barrio muniqués de Schwabing.

La siguiente víctima ilustre de la Organización Cónsul fue Matthias Erzberger, líder del Partido Alemán de Centro (DZP), el histórico partido de la derecha católica moderada que se puede considerar precursor de la CDU actual. Erzberger era un economista de prestigio y un político comprometido y tenaz. Ya durante la Gran Guerra había dado que hablar por enfrentarse una y otra vez a la política belicista del emperador Guillermo II. Llegada la paz, ocupó varios cargos de relevancia en el Ministerio de Finanzas y se destacó como uno de los parlamentarios más predispuestos a que Alemania se sometiera al Tratado de Versalles y renunciara a las anexiones. Esa fue su sentencia de muerte. Lo acribillaron el 26 de agosto de 1921, cuando daba una vuelta por los alrededores de Bad Griesbach, un idílico balneario de la Selva Negra.

En un macabro *crescendo* en la jerarquía de víctimas, la Organización Cónsul eligió después a Philipp Scheidemann, alcalde de Kassel y excanciller de la República. Scheidemann era el principal ideólogo del Partido Socialdemócrata Alemán (SPD) y una de sus figuras más emblemáticas. No se cansaba de alzar la voz contra los *Freikorps* y de exigir purgas en el ejército, sobre todo tras el fallido *Kapp-Putsch*. Pero su mayor traición a ojos de la Organización Cónsul la había cometido el 9 de noviembre de 1918. Ese día, poco después de las dos de la tarde —«entre la sopa y el postre», solía decir con sorna—, se asomó a uno de los balcones del Reichstag para proclamar lo que tanto ansiaba oír el expectante público que alzaba la mirada: «Los Hohenzollern han abdicado. Se ha desmoronado la podredumbre del pasado. ¡Viva la República!».

Apenas tres semanas antes del asesinato de Rathenau, la mañana del 4 de junio de 1922, Scheidemann paseaba por un parque de Kassel. Se acercaron dos jóvenes y le salpicaron ácido cianhídrico a la cara con una jeringa. Tuvo suerte. Gracias a su espesa barba y a que hacía viento, el líquido no lo alcanzó de lleno y no afectó a los pulmones. Pero le dejó marcas para toda la vida. Scheidemann era el rostro de la República de Weimar. Por eso había que desfigurarlo.

En esos comienzos de la década de los veinte, Weimar, la vieja gloria del clasicismo, la ilustre residencia de Goethe y Schiller, era para muchos alemanes tan solo un atributo peyorativo. Porque aquí había nacido la República. Una vez acabada la guerra, en vista de la agitación revolucionaria que convulsionaba Berlín, el gobierno provisional formado por los líderes de los seis partidos mayoritarios decidió trasladarse a esta tranquila ciudad de provincias para regular la transición. Pocos meses después, en el mismo teatro donde habían estrenado sus obras Goethe y Schiller, la Asamblea Nacional elegida en las primeras elecciones democráticas del país proclamó la Constitución que daba inicio a la nueva República.

Weimar se convirtió así en una palabra detestable a los oídos de quienes seguían identificándose con el Reich y con el káiser, ahora en el exilio. Su descontento lo expresaba bien una caricatura muy divulgada por entonces: en ella se veía a Michel —la figura alegórica con gorro y bata que personifica al pueblo alemán— enarbolando la bandera patria, mirando al horizonte con expresión afligida y sentenciando con amargura: «Un pasado de oro, un presente rojo, un futuro negro». Para los nostálgicos del Imperio, el presente rojo, dominado por el caos y la anarquía, se había iniciado en el momento en que Scheidemann se asomó al balcón del Reichstag. La plaza rebosaba de un público entusiasta, pero el país estaba roto, en quiebra, dividido. Y, lo más grave, carecía de experiencia democrática.

A lo largo de los primeros años de la República se sucedieron gobiernos formados por coaliciones antinaturales que apenas duraban unos meses, lo que resquebrajaba la confianza en el sistema. La situación política era inestable, turbulenta cada poco tiempo, y se vivía bajo un constante riesgo de involución. Porque se habían quedado los generales. Theodor Plievier, un autor anarquista que vivía en la indigencia —su escritorio era un tablón sostenido por dos jarras de cerveza—, escribió una novela documental sobre aquellos años de la posguerra: *Der Kaiser ging, die Generäle blieben* («El káiser se fue, los generales se quedaron»). Apenas vendió un centenar de ejemplares, pero logró que el título se convirtiera en lugar común para explicar la hipoteca que lastraba ya desde el comienzo a la República de Weimar: unos generales devotos de la monarquía prusiana y celosos de sus viejas prebendas. Y, detrás de ellos, muchos militares de menor graduación imbuidos de lo que se llamaba el «espíritu del suboficial», una mentalidad gregaria y servil que les hacía acatar cualquier orden a golpe de tacón.

Quedaban además no pocos funcionarios de la vieja burocracia convencidos de que solo un Estado fuerte podía garantizar la moral y el orden. Odiaban la nueva República, a la que acusaban de la corrupción de las costumbres, del caos que reinaba en las calles y en las instituciones. Y no dudaban en sabotearla cuando tenían oportunidad; buen ejemplo de ello eran los policías que no ponían mucho empeño en perseguir a los criminales de extrema derecha, así como los jueces que les imponían sentencias benévolas. Para ellos se acuñó la expresión «la justicia tuerta del ojo derecho».

Enemigos de la República eran también muchos industriales y banqueros que asistían con alarma a los éxitos de los bolcheviques en Rusia y temían su contagio a Alemania; para tratar de evitarlo, destinaban parte de sus beneficios a sufragar a los grupos paramilitares. Los temores a una revolución comunista en Alemania eran fundados. Envalentonados por las victorias de los sóviets, muchos trabajadores y militantes del Partido Comunista Alemán (KPD) se lanzaban una y otra vez a la calle resueltos a instaurar la dictadura del proletariado. También ellos desconfiaban de la República, a la que acusaban de haber traicionado los ideales del movimiento obrero, de haberse vendido al capital de la burguesía y de actuar con mano de hierro contra las frecuentes rebeliones de los trabajadores. Y odiaban sobre todo a su presidente, el socialdemócrata Friedrich Ebert, a quien no perdonaban que hubiera ordenado al ejército —y a los *Freikorps*— aplastar el motín revolucionario de enero de 1919. La represión del conocido como Levantamiento Espartaquista causó más de cinco mil muertos, entre ellos los fundadores del KPD, Rosa Luxemburgo y Karl Liebknecht, que fueron asesinados por los paramilitares. Fue una especie de Casas Viejas a la alemana. Y aunque no trajo consigo la caída del gobierno, acabó sepultando por espacio de muchos años el entendimiento entre comunistas y socialdemócratas. Otro lastre para la República.

Este era el sombrío panorama en el verano de 1922: cuatro años después de la Guerra Mundial, Alemania vivía en estado de latente guerra civil. La prensa liberal se alarmaba de un país «sumido en el terror rojo y en el terror blanco», dos colores que se odiaban entre sí pero que compartían un enemigo común: la República de Weimar. Con la diferencia de que para los rojos el personaje que la encarnaba era el presidente Friedrich Ebert, mientras para los blancos, más aún que Philipp Scheidemann, ese papel lo asumía el ministro de Asuntos Exteriores, el desdichado protagonista de este capítulo inicial.

El principal rasgo de carácter de Walther Rathenau era el sentido del deber. Su padre, el empresario judío Emil Rathenau, había convertido la AEG en la fábrica de productos eléctricos más importante del mundo. A su muerte, en 1915, el primogénito Walther asumió la presidencia del consorcio, a pesar de que se sentía más atraído por el mundo de las letras. Al principio compaginó la labor de empresario con la redacción de brillantes ensayos culturales y políticos, en alguno de los cuales se atrevió incluso a criticar abiertamente ese capitalismo que él mismo encarnaba como pocos. Instalado en la alta sociedad berlinesa, codeándose con los poderosos de la política y la economía, respetado en círculos intelectuales, Rhatenau era el prototipo de burgués culto y liberal. Y era, además, en su declarado patriotismo, un perfecto ejemplo de asimilación; lo que más podían odiar los ultranacionalistas.

Durante la guerra se puso al servicio del gobierno y asumió la dirección de la oficina de suministros de materias primas, una labor crucial para contrarrestar el bloqueo británico. Ya con la paz, decidió entrar en política para ayudar a reconstruir el país. Intervino en la fundación del Partido Democrático Alemán (DDP), un partido liberal progresista que participó en diferentes coaliciones de gobierno durante los primeros años de la República. Rathenau era experto en economía y un habilísimo negociador. Trató primero de contener la incipiente inflación y asumió luego tareas relacionadas con las reparaciones de guerra. En enero de 1922, el canciller Joseph Wirth, sucesor de Matthias Erzberger al frente del Partido de Centro, lo nombró ministro de Asuntos Exteriores. Su principal objetivo fue promover el acercamiento a otras potencias para sacar a Alemania del aislamiento. En abril de ese mismo año firmó el Tratado de Rapallo, un acuerdo de amistad y cooperación con la República Soviética. Fue para él un gran logro internacional. El primero y el último.

Pocos días después de la firma, en una sesión del Parlamento, el diputado Karl Helfferich acusó a Rathenau de haber vendido la patria al enemigo. Helfferich, miembro del reaccionario y antisemita Partido Nacional del Pueblo Alemán (DNVP), había sido uno los principales propagadores de la «leyenda de la puñalada en la espalda», según la cual la rendición no fue consecuencia de la derrota militar —«el ejército alemán se mantuvo siempre invicto»— sino de la falta de patriotismo, de la perfidia de los partidos de izquierda y del sabotaje de la Internacional judía. Tras el atentado, Kurt Tucholsky, el periodista más popular y reputado de aquellos años, acusó a Helfferich de haber sido el autor intelectual del crimen, de haber hecho del ministro el blanco perfecto para la Organización Cónsul. Y no le faltaba razón; Rathenau era judío, de izquierdas, y Helfferich lo había convertido además en el gran traidor. Erwin Kern y Hermann Fischer mataron y murieron convencidos de estar sirviendo a la patria.

Pero volvamos al café. Ahí hemos dejado a John Höxter garabateando en su mesa habitual. Sí, lo más probable es que no hubiera ido a la capilla ardiente. Porque a Höxter ya no le interesaba la política. De joven le interesó algo más, aunque tampoco mucho. Ni el dinero. Después del colegio rechazó entrar en el negocio familiar —su padre era un rico comerciante judío de Hannover— y se fue a Berlín para estudiar en la Escuela de Artes y Oficios. Trabajó en el taller del pintor impresionista Leo von König, pero a los pocos meses se independizó; quería buscar otras formas de expresarse. Colaboró en la revista *Aktion* y en el ciclo de conferencias *Neopathetisches Cabaret*, dos de los principales impulsores del expresionismo en Alemania. No se sabe muy bien cómo ni por qué, pero, a las pocas semanas de haber sido reclutado en la Gran Guerra, lo volvieron a licenciar. Fundó luego su propia revista, *Der Blutige Ernst* —tradúzcase *Ernesto el Sangriento* o *La sangrienta seriedad*—, un semanario satírico que aspiraba a la «revolución vanguardista» en el mundo del arte. Publicó dos números, pero cedió después el mando al historiador del arte Carl Einstein. Höxter no era muy constante en sus proyectos.

Así que acabó convirtiéndose en artista de café; primero del Café des Westens y luego del Romanisches Café.

Prácticamente vivía en ellos, y de cuando en cuando dibujaba algo en sus mesas de mármol. O escribía versos. Uno de sus favoritos decía: «Ante Dios y el camarero, todos somos iguales». De los periódicos apenas leía la portada, de refilón, y en ocasiones las páginas culturales. Los usaba principalmente para dibujar en los márgenes, la mayoría de las veces caricaturas y retratos de los clientes, aunque en ese ejemplar del *Berliner Tageblatt* del 25 de junio de 1922 estaría probablemente esbozando un retrato de Oscar Wilde. Se lo acababa de encargar su editor, Paul Steegemann, que lo necesitaba para la cubierta de su próxima publicación: *El sacerdote y el acólito*, la trágica historia de amor prohibido entre un joven cura y su monaguillo de catorce años. Hoy se sabe que su autor fue John Francis Bolxam, pero en los años veinte se atribuía a Oscar Wilde.

Steegemann había sido uno de los promotores del expresionismo y del dadaísmo en Alemania. En su catálogo figuraban escritores y artistas como Kurt Schwitters, Hans Arp, Walter Serner o Klabund. Publicaba también muchos títulos de literatura erótica, homosexual sobre todo, lo que le traía problemas con la Brigada contra el Vicio y las Malas Costumbres; hacía poco le habían confiscado un librito con poemas subidos de tono de Paul Verlaine. Pero Steegemann no se amilanaba. Su lema era «despellejarse para publicar el gran caos, desde Lao-Tse hasta Dadá». Era un editor inquieto, audaz, y se había ganado el aprecio y el respeto de los ambientes artísticos y literarios de Berlín. Pero tenía un defecto: pagaba poco.

A Höxter los dibujos y las caricaturas que le encargaba Steegemann apenas le daban para el alquiler del cuartucho donde pasaba las noches. Y luego tenía que costearse además la dosis diaria de morfina que se inyectaba en los retretes del café. Los médicos estaban convencidos de que era eso lo que había acabado causando la joroba. Pero él decía que no, que la joroba era la carga de una vida pesada y dura, como la de Quasimodo. Y decía también que el café era su campanario.

EL CISNE NEGRO
1923

En la caja de mudanzas donde quedó abandonado el bono de cien mil marcos había también una carpeta con documentos y papeles de mi bisabuelo: la partida de nacimiento, el 15 de junio de 1873 en Breslavia (actual Wroclaw); el título de ingeniero por la Universidad de Darmstadt; el de doctor en Filosofía por la Friedrich Wilhelm Universität de Berlín; el certificado de matrimonio en el Ayuntamiento de Berlín-Charlottenburg y el de la ceremonia religiosa en la Iglesia Memorial del Káiser Guillermo; el menú del banquete de boda, con Riesling de 1893 y «Bomba Savoy» de postre; la hoja de servicio militar como comandante de una columna de suministro estacionada en Verdún; una semblanza de su bisabuelo Christian Gottfried Nees von Esenbeck, botánico especialista en algas de agua dulce, que se carteaba con Goethe, se hizo comunista, abandonó a su familia, vendió su herbario y acabó su vida en una cabaña en el bosque; un folleto de la librería berlinesa de su suegro, Gsellius, en la Mohrenstraße, 52, que introdujo en Alemania los libros de bolsillo; unos apuntes autobiográficos de senectud, para uso privado; la esquela de muerte en Hannover el 12 de septiembre de 1949... Material suficiente para tejer una microhistoria de una generación alemana que sobrevivió a dos guerras.

Tuve la tentación de escribirla, más aún cuando descubrí el misterio preceptivo del género: una lejana y secreta antepasada judía. Pero ya hay muchas historias familiares. Además, la de mi bisabuelo tampoco es que fuera particularmente interesante. A mí, por lo menos, lo que más me llamó la atención de la caja con sus pertenencias fue el bono verdoso que ahora cuelga en mi despacho. De hecho, ha sido ese pedazo de papel ya descolorido lo que me ha llevado a sumergirme en el Berlín de los años veinte. Coqueteando un poco, podría decir que a modo del pellejo de brontosaurio que animó a Bruce Chatwin a viajar por la geografía y la historia de Patagonia. Y al igual que el pellejo de Chatwin, que resultó ser de milodonte, tampoco mi bono, ya lo he dicho, es gran cosa. Como prácticamente ninguno de los bonos, vales o billetes que se imprimieron en 1923.

1923 fue el *annus horribilis* de la inflación. El día del atentado a Rathenau, un dólar costaba trescientos treinta marcos; un año después, en julio de 1923, costaba ciento sesenta mil. En agosto, tres millones. En septiembre, el Reichsbank puso en circulación el billete de cincuenta millones de marcos. En octubre, los de mil millones, cinco mil millones y diez mil millones. Y el 2 de noviembre salió un billete de cien mil millones de marcos. A finales de ese mes se alcanzó el récord con el billete de cien billones de marcos. En números: 100 000 000 000 000. Y el dólar se pagaba a 4 210 500 000 000 marcos. Cifras estratosféricas. La prensa alemana acuñó el término «hiperinflación». La prensa seria, porque los tabloides impusieron otro: «inflación galopante».

Las causas de la inflación venían de lejos. Durante la guerra, el Reich decidió liberar temporalmente el dinero del patrón oro e imprimir billetes sin base —los llamados *Papiermark* (marcos de papel)— para poder afrontar los inmensos gastos. A consecuencia de ello, el dinero en circulación se multiplicó por cinco, mientras que la producción y la oferta de mercancías se estancó, con lo que el valor del *Reichsmark* fue depreciándose cada vez más. La situación empeoró cuando, tras el Tratado de Versalles de 1919, los vencedores dictaminaron la cuantía de las reparaciones de guerra: ciento treinta y dos mil millones de marcos de oro. A la hipoteca política se sumaba ahora la económica.

El asesinato de Walther Rathenau terminó por apuntillar la credibilidad y la solvencia de Alemania, tanto en el interior como en el extranjero. Hasta ese día, el billete en circulación de mayor valor era el de mil marcos. A partir de entonces, la depreciación fue vertiginosa. Los inversores huyeron y el Estado alemán dejó de tener acceso a créditos en el mercado de capitales. Alemania no podía asumir el pago de su deuda, por lo que Francia y Bélgica amenazaron con ocupar la cuenca del Ruhr, el centro industrial del país. Cuando finalmente se produjo la invasión, en enero de 1923, el gobierno de Weimar, tras haber animado a la población a una huelga general, tuvo que volver a imprimir dinero para pagar la resistencia pasiva. Más billetes.

El Reichsbank encargó la impresión a 133 empresas diferentes. Treinta fábricas de papel suministraban materia prima para las 1 783 prensas que trabajaban día y noche; 400 000 planchas, 30 000 personas. Pero no daban abasto. Así que muchas ciudades y empresas decidieron imprimir sus propios billetes, bonos y vales de emergencia (que tenían además fecha de caducidad; el bono de mi bisabuelo, por ejemplo, expiraba a las tres semanas). La gente acabó por aceptar todo papel con apariencia de valor. Se calcula que en ese otoño circulaba en Alemania dinero por una cantidad nominal de setecientos trillones de marcos: un siete y veinte ceros.

Pero ya está bien de cifras. Las dos palabras que mejor describen las calles de Berlín durante aquellos días son precipitación y ajetreo; porque la gente tenía prisa por gastar el dinero lo más rápido posible, antes de que volviera a bajar la cotización. En viejas imágenes de aquellos días se ve a hombres y mujeres que empujan apresuradamente carretillas o carritos de niños rebosantes de billetes; a otros que cargan sacos y cestos de la colada repletos también de billetes. Es un espectáculo de trágica comicidad, con escenas de *slapstick* que parecen sacadas de las películas de cine mudo que se proyectaban con tanto éxito en los cines: un peatón tropieza con el bordillo y el dinero salta por los aires; una carretilla vuelca provocando peleas por el botín perdido; un cliente y un tendero hacen aspavientos delante de un comercio y discuten acaloradamente el súbito y desorbitado aumento del precio…

Los únicos que no corrían, tropezaban o gesticulaban eran los mendigos que poblaban las esquinas —la mayoría de ellos mutilados de guerra—, los indigentes que hacían cola para recibir un plato de sopa de guisantes en los albergues y los parados que esperaban en vano delante de la oficina de empleo. El año 1923 llegó a haber en Berlín casi medio millón de parados, y la asistencia social apenas cubría las necesidades de ciento cincuenta mil —de nuevo las tediosas cifras—. El resto carecía de ingresos y tenía que subsistir a base de limosnas o trapicheos. También se disparó la mortandad infantil. Muchos niños sufrían raquitismo, y la tuberculosis empezaba a hacer estragos. Y el clima de confrontación no se había apaciguado: seguían activos los grupos terroristas de extrema derecha, y tampoco habían remitido las algaradas callejeras provocadas por comunistas y fascistas, que se saldaban con decenas de víctimas.

La gente común malvivía, trataba de subsistir con su sueldo cada vez más precario, no pocos tenían que vender sus últimas alhajas, la vajilla familiar, o recurrir a otras «medidas inimaginables» tan solo unos meses antes. Claro que, como sucede en épocas así, hubo quien sacó beneficio de la situación. En primer lugar, los especuladores, extraperlistas y usureros de siempre. Pero también muchos campesinos de las afueras, que en una excursión a la ciudad podían cambiar tres kilos de patatas por un anillo de bodas; a la ciudad más moderna de Centroeuropa había vuelto el trueque. Y, por supuesto, todo aquel que tuviera divisas, en especial dólares. Con un puñado de dólares se podía vivir muy bien. Hay muchos testimonios que dan fe de ello, algunos de personajes ilustres, o que lo serían más tarde. Ernest Hemingway, que trabajaba ese año de corresponsal en París para el *Toronto Daily Star*, hizo una excursión a Berlín; en su crónica contó que con solo noventa centavos de dólar pasó un día entero de compras con su mujer, y al final le sobraron ciento veinte marcos. El editor neoyorquino Matthew Josephson trasladó en 1923 la sede de su revista *Broom* a Berlín porque los costes eran mucho más bajos: con lo que ganaba en Estados Unidos vendiendo su modesta revista, en Alemania se podía permitir un dúplex, dos criadas, clases de hípica para su mujer, cenas en los mejores restaurantes, varias obras de arte y generosas donaciones a escritores alemanes necesitados.

Vivían por entonces en Berlín los periodistas catalanes Eugeni Xammar y Josep Pla. El primero era corresponsal de *La Publicitat*, y el segundo de *La Veu de Catalunya* y de *Ahora*. Por lo que nos cuentan, también con pesetas se podía vivir a cuerpo de rey. Como escribió Pla en sus *Notas dispersas,* el truco —que le desveló un compañero ruso de pensión— consistía en dejarse enviar el sueldo en billetes pequeños, lo más pequeños posible, e ir cambiándolos poco a poco, lo suficiente para hacer frente a los gastos que fueran presentándose. Por ejemplo, cambiar un billete de una peseta en marcos justo antes de entrar en un restaurante; por esa peseta se daban un festín. Al tiempo que enviaban a sus incrédulos lectores de Barcelona y Madrid crónicas casi surrealistas sobre la inflación, Xammar y Pla aprend*ían* a convivir con ella.

Berlín atraía a muchísimos visitantes que venían a comprar de todo a precios de saldo: pisos, solares, artículos de lujo, alcohol, drogas, chicas y chicos. El alcohol era barato, sobre todo la cerveza y el aguardiente, y las drogas se podían comprar en las esquinas, algunas como la morfina y la heroína incluso en farmacias. La prostitución era un negocio boyante. Entre la Alexanderplatz y la Bülowstraße ofrecían sus servicios ciento veinte mil mujeres y treinta mil hombres, no pocas y pocos menores de edad. A precios imbatibles. Berlín se había convertido en la capital del turismo sexual y de la pedofilia. Y de la diversión en general; de ahí que entre los negocios que lograron sobrellevar la recesión figuraran también cafés, restaurantes y locales nocturnos. No todos, claro, buena parte de ellos tuvo que cerrar, pero otros sí que sacaron provecho. Tanto de la afluencia de turistas como de los propios berlineses, muchos de los cuales buscaban divertimento o consuelo. Tenían ganas de salir, de gastar los fajos que llevaban en la cartera, de vivir al día sabiendo que mañana iba a ser todo peor, todo más caro.

Uno de los locales que no solo logró resistir la crisis de ese año, sino que vio incluso cómo la clientela iba en aumento, era el Romanisches Café. Se hallaba en el barrio de Charlottenburg, en la Auguste-Viktoria-Platz, la plaza en la que desembocaba la célebre Kurfürstendamm (la Ku'damm para los berlineses). Ocupaba el café la parte baja y la primera planta de una monumental y pomposa mole de piedra conocida como la Romanisches Haus II (la Casa Románica II; la Casa Románica I, prácticamente igual, estaba justo enfrente). Ambos edificios eran réplicas laicas de la vecina Iglesia Memorial, cuya torre partida en dos se ha convertido en la tarjeta postal más vendida de Berlín.

Los tres monumentos datan de finales del siglo XIX y fueron construidos en el llamado estilo neorrománico, un estilo impulsado por el emperador Guillermo II con objeto de celebrar la unión indisoluble de trono y altar y de rememorar la gloriosa época de Carlomagno (y parangonarse con él). Era una arquitectura concebida para imponer. La fachada principal del edificio que acogía el Romanisches Café estaba flanqueada por dos torres con tejados en forma piramidal. En el centro sobresalía un saledizo redondeado encima del cual se alzaba un frontón triangular adornado con relieves que representaban a los dos gigantes de la Antigüedad, Sansón y Hércules, así como al matadragones San Jorge. Y, para apuntalar la sensación de poderío, el vértice del triángulo estaba coronado por un águila imperial.

Para entrar en el café había que atravesar primero una terraza y una veranda acristalada donde en verano se instalaban mesas. Se cruzaba luego la puerta giratoria, vigilada permanentemente por el portero Nietz —rubio, alto, recio—, que daba la bienvenida a los clientes con gesto adusto. De frente se encontraba un mostrador macizo con vitrinas que cubrían las ofertas del día y en torno al cual, si todavía no había muchos clientes, se apostaban los camareros, siempre de traje y corbata. Según se entraba, a la izquierda, se hallaba la llamada «zona de nadadores», compuesta por una veintena de mesas reservadas para los clientes habituales, o los más selectos. Del final de esta zona partía una escalera con balaustrada dorada que conducía a la galería donde se hallaban las «mesas para los jugadores», con tableros de ajedrez y damas. En la parte derecha de la planta baja estaba la «zona de no nadadores», en la que recalaban, tras discreta seña —o reconvención— de Herr Nietz, los clientes sin estatus de habituales y los visitantes esporádicos. Esta zona era mucho más espaciosa y contaba con más de setenta mesas y veladores, todos muy juntos entre sí. Al fondo de ella se situaban los casilleros con los periódicos y un pequeño habitáculo que servía de cabina telefónica. Entre ambos, un pasillo conducía a los servicios.

La decoración interior del café era invariablemente neorrománica. De los extremos del mostrador se elevaban dos columnas con enormes capiteles adornados con arabescos y de los que partían unos arcos abovedados con ornamento de estuco. Las paredes detrás del mostrador estaban cubiertas de anaqueles de madera oscura que alojaban vasijas de zinc, vajilla esmaltada, frascos de sifón, botellas y estatuillas varias, todo apostado sin demasiada armonía. Del techo colgaban lámparas de hierro con larguísimos cordones de los que pendían bombillas lánguidas. Las mesas eran de mármol, y las sillas, de estilo Thonet. En las esquinas crecían unos percheros en forma de palmera.

Los motivos por los que un local tiene éxito y otro cierra al cabo de pocos meses son un misterio. El periodista Gay Talese dedicó muchas páginas de su libro *Vida de un escritor* a tratar de responder a la cuestión de por qué se pusieron de moda en los años sesenta ciertos restaurantes y locales de Nueva York, y otros, muy similares y situados en la misma acera, vegetaban a la espera de clientes desorientados. Sus pesquisas no dieron resultados convincentes, pero es que la pregunta no era fácil de responder. Tampoco lo es en el caso del Romanisches Café. En realidad, el local tenía muchos puntos en contra. A la dudosa arquitectura del edificio se unía que, a pesar de las altas ventanas, el interior era muy oscuro; por la deficiente iluminación, por el humo del tabaco y porque —menos en verano— Berlín es una ciudad grisácea. Además, el suelo solía estar lleno de ceniza y de servilletas de papel, por lo que no sorprende que el conjunto resultara más bien inhóspito, como de vestíbulo de estación.

La comida no ayudaba. La carta ofrecía salchichas sumergidas en salsa de *gulash,* pastel de carne incierta y un *Wiener Schnitzel* que ningún austriaco habría reconocido como tal. La triste especialidad de la casa eran dos huevos pasados por agua y embutidos en un vaso de cristal. El propietario, Bruno Fiering, se excusaba diciendo que era para la clientela de paso: «Los habituales comen en otro lado, por lo menos los que tienen dinero. Y los que no lo tienen, comen a lo sumo dos huevos. Y encima se los reparten».

La bebida más consumida era, por supuesto, el café: turbio, aguado, y en esos meses de crisis en realidad achicoria (las galletas que lo acompañaban se hacían con patata congelada). Algunos clientes gastaban la broma de poner el café recién servido encima de la silla porque, según decían, «está tan flojo que tiene que descansar». Otro de los chistes manidos era pedir una «sopa de faltas ortográficas», en vista de que la carta estaba llena de ellas. El camarero Kalle soportaba las chanzas con estoicismo, y los propios «romanistas» habituales, judíos muchos de ellos, llamaban al local, entre cariñosa y despectivamente, el «Rachmonisches Café», una expresión derivada del yidis que se puede traducir como el «café digno de compasión». Desde luego, no era un café vienés.

Contaba, eso sí, con una situación privilegiada: en medio de un cruce muy concurrido, en uno de los puntos neurálgicos de la vida social berlinesa, el lugar ideal para ver y ser visto. Pero eso no basta para explicar la buena aceptación; el Café Regina, que estaba en la casa gemela de enfrente y ofrecía un interior de estética más risueña y acogedora, no pasaba de ser un local donde unas simpáticas abuelas tomaban té con pastas a media tarde.

Así que, como siempre que no se encuentran explicaciones lógicas, vamos a recurrir a lo legendario. Y en nuestro caso, la leyenda que ayuda a explicar el nacimiento del mito del Romanisches Café es la del Cisne Negro.

Protagonista de la leyenda es la poetisa Else Lasker-Schüler. Aunque, más que poetisa, era todo un personaje. Menuda, morena, de rasgos andróginos, iba siempre peinada con un corte de muchacho —a lo *bubi*, se decía en Berlín— que acabó poniéndose de moda. Tenía la mirada hipnótica, la voz grave y un carácter orgulloso y arrogante con ramalazos violentos; provocaba sin motivo a los viandantes y se enfrentaba, con razón, a sus editores. Carecía de vivienda fija, acampaba en pensiones modestas y su única pertenencia era una colección de animalitos de cristal que alineaba en dirección a Jerusalén. De costumbres frugales, aseguraba ser etérea y se jactaba de alimentarse solo de café y nueces: «¿Puede una poetisa que consuma mucho seguir siendo poetisa?». Cuando paseaba por las calles se arrimaba a la pared para que los balcones y los aleros impidieran que sus padres, desde el cielo, vieran lo pobre que se había vuelto; ella, la hija de ricos banqueros judíos de la próspera Renania.

Else Lasker-Schüler se había casado y separado dos veces: con el médico Berthold Lasker, hermano del campeón del mundo de ajedrez Emanuel Lasker, y con el escritor, músico y galerista Herwarth Walden. Entremedias tuvo varios amantes. Con uno de ellos —«un sureño fogoso»— engendró un hijo que bautizó con el nombre de Paul, el nombre del amado hermano que había muerto cuando ella tenía trece años.

Como escritora, Else Lasker-Schüler se había dado a conocer en la primera década del siglo con dos poemarios y un fino volumen de prosa breve. Más adelante, en 1919, alcanzó notoriedad con su drama *Los Wupper*, una sucesión de escenas deshilvanadas en un barrio proletario de Wuppertal, su ciudad de origen. Alfred Kerr, el pope de la crítica de aquellos años —tan temido como lo sería luego Marcel Reich-Ranicki—, escribió tras el estreno: «Hay algo aquí que convive de forma maravillosa: miasmas fétidas y brutalidad, vicios mugrientos y gritos de desesperación, rabia y decadencia y codicia con rostro humano». Expresionismo radical en estado puro.

Desde antes de la guerra, Else Lasker-Schüler mantenía una tertulia en el Café des Westens, en el número 18 de la Kurfürstendamm, esquina con la Joachimsthaler Straße. Era sin duda la tertulia más excéntrica de Berlín, y ella llevaba la voz cantante. Se hacía llamar el Cisne Negro de Israel, aunque a veces prefería ser Jussuf, príncipe de Tebas. El resto de los contertulios, entre ellos gente tan respetable como Maximilian Harden, Frank Wedekind, Wieland Herzfelde, Alfred Döblin, Joachim Ringelnatz y Gottfried Benn, ejercían de pajes. Y soportaban los constantes cambios de humor de su señora, sus accesos de histrionismo y su exagerada gesticulación. Porque Else Lasker-Schüler era capaz de ronronear y, un segundo después, sacar la zarpa. Sin duda, polarizaba: Walter Benjamin dejó de asistir a la tertulia, harto de una anfitriona «huera, enferma e histérica». Pero sus amigos, en especial el poeta Gottfried Benn —amigo, paje y amante— y el escritor Karl Kraus, asiduo a la tertulia cuando venía de Viena, la defendían a muerte. Para ellos era una artista hipersensible y genial.

Un día, a comienzos de los años veinte, en el Café des Westens pasó algo. Ninguna fuente cita la fecha exacta y, además, hay versiones encontradas. La más divulgada —la tomo del libro *Die verbrannten Dichter* («Los poetas quemados»), de Jürgen Serke— cuenta que todo empezó con una disputa literaria. En una mesa cercana a la del Cisne Negro, Kurt Hiller, joven poeta expresionista, peroraba exaltado sobre poesía:

> La poesía de verdad, la realmente grande tiene siempre tres elementos: sensualidad, sentimentalismo y raciocinio. Else Lasker-Schüler ha logrado una magnífica síntesis de sensualidad y sentimentalismo, pero… le falta raciocinio. De ahí que su poesía sea grande, sí, pero no realmente grande.

El comentario fue excesivo para uno de los pajes de la mesa de al lado, el futuro editor Wieland Herzfelde, que se levantó y abofeteó a Hiller, por lo que fue expulsado inmediatamente del local. Else Lasker-Schüler se levantó como una diva agraviada, se acercó al dueño, pagó su consumición y, acompañada de sus pajes, abandonó el local. La comitiva remontó la Ku'damm, recorrió unos doscientos metros y, con el Cisne Negro a la cabeza, entró en el Romanisches Café.

No he encontrado testimonios que me ayuden a entender el motivo de la elección. Tal vez fuera el primer local con el que se toparon, quizá empezara a llover y buscaran refugio en un cercano sitio cubierto. Pero lo cierto es que los desertores del Café des Westens se instalaron en el Romanisches Café y que, actuando de señuelo, con el paso de los años acabaron por convertirlo en uno de los locales más emblemáticos del Berlín de la República de Weimar. Claro que parte del mérito correspondió también al dueño, Bruno Fiering, que tomó la difícil decisión de acoger y mimar a unos clientes que no se distinguían por llenar la caja. Desde el comienzo permitió que sus nuevos huéspedes prosiguieran en su local los interminables debates del Café des Westens sin apenas consumir y con los camareros esperando de brazos cruzados junto a la barra. Esa fue la política del café durante mucho tiempo. Solo en casos extremos —por ejemplo, todo el día con una sola bebida— podía suceder que un cliente recibiera el «pasaporte». Entonces Fiering colocaba discretamente junto a la taza una tarjeta de mensaje inequívoco: «Le rogamos abandonar el establecimiento una vez pagada la cuenta. Y no volver a entrar en él». El portero Nietz se ocupaba de que los «pasaportados» no entraran en el local hasta nueva orden. Pero fueron muy pocos casos y, además, la nueva orden solía llegar pronto. Bruno Fiering tenía paciencia y buen corazón.

Con todo, no deja de resultar paradójico que Else Lasker-Schüler y su cohorte de bohemios acabaran entrando en un edificio construido en honor al Sacro Imperio Romano Germánico. Y que fuera precisamente aquí, entre unas paredes que aún desprendían el rancio olor de la época guillermina, donde acabara fermentando la vanguardia artística y literaria del joven siglo. Claro que para ello se necesitaría aún algo de tiempo. Primero había que superar ese funesto año de 1923 en el que la modernidad artística y literaria tenía una única preocupación: la inflación galopante. Así que podemos suponer que, como en todo Berlín, la conversación en el Romanisches Café durante esos meses giraría en torno al dinero, el dinero que no tenían ni siquiera los que llevaban la cartera repleta de billetes.

Tanto en la zona de nadadores como en la de no nadadores, los clientes se contarían las mismas historias y anécdotas que circulaban en el resto de la ciudad. Por ejemplo, que muchos médicos ya solo aceptaban pago en especie: una docena de huevos por una consulta, un par de embutidos y una caja de leña por extirpar las amígdalas. O que algunos tenderos prescindían de poner precio a sus productos, en vista de que este cambiaba cada pocas horas. O que ya apenas se llevaban a cabo incineraciones porque el coque era demasiado caro; y que el ataúd más vendido era el modelo reducido y con el sobrenombre de «aplastanarices». Circulaba también la historia de una pareja que había vendido su casa para emigrar a Estados Unidos, y, al llegar al puerto de Hamburgo, se enteró de que su dinero no alcanzaba para el pasaje, ni siquiera para el viaje de vuelta al pueblo donde ya no tenía casa. Y la del hombre que llegó a la taquilla del teatro con cien millones de marcos metidos en un saco, y la taquillera le informó de que la entrada costaba ahora mil millones. Y la del potentado tejano que había alquilado la Orquesta Filarmónica de Berlín al completo poniendo un billete de cien dólares sobre la mesa del director. Y la del cliente que llegó a un bar, se tomó dos cervezas a 5000 marcos cada una y recibió una cuenta de 14000: «Si las hubiera pedido a la vez —se excusaba el dueño detrás de la barra—, pero es que entretanto han subido los precios». Y la de la familia que, por no tener qué comer el fin de semana, fue al bosque a buscar setas;

nueve de ellos murieron envenenados. Y la del funcionario de correos que abría las cartas que llegaban del extranjero y se quedaba con los billetes: consiguió acopiar 1 717 dólares, 1 102 francos suizos y 114 francos, una suma que le alcanzó, como confesó en el juicio, para comprarse dos casas y regalar un piano a su novia; el resto lo donó a la Iglesia para acallar la mala conciencia.

Todas estas historias y anécdotas harían también la ronda en el Romanisches Café. Pero la más repetida sería sin duda una que había ocurrido precisamente allí: un cliente se quejaba de que, sin que hubiera subido el dólar, el precio del café se había multiplicado por cinco desde la víspera. «Pero ¿no sabe usted cuál es la divisa del día?», replicó el impertérrito camarero: «Ser filósofo. Pero sin pensar. Simplemente, ser filósofo».

EL ÚLTIMO BOHEMIO 1924

Lo más probable es que el portero Nietz dudara antes de dejarle pasar. Parecía un indigente, alguien peligroso, incluso; con su abrigo gris hecho jirones y sus botas agujereadas, con la barba rala, entrecana, descuidada, y el pelo hirsuto, rebelde, como si no se lo hubiera peinado en meses. Pero lo más inquietante era la mirada oculta tras los anteojos: entre fanática y diabólica, con cierto aire infantil también, como si estuviera a punto de cometer una travesura. O una locura. Después de vacilar unos segundos, Nietz le haría un gesto con la mano para indicarle —eso seguro— que pasara hacia la derecha, a la zona de no nadadores.

El nuevo cliente que entró un día de finales de 1924 en el Romanisches Café tenía cuarenta y seis años y un apellido, Mühsam, que en alemán significa penoso, arduo. Así había sido su vida hasta entonces. Sobre todo los últimos cinco años, que había pasado en una mazmorra de Baviera. Ahora, recién liberado, pretendía instalarse en Berlín y fundar una revista ácrata. La titularía *Fanal*.

Ya antes de su aventura bávara, Erich Mühsam había vivido unos años en Berlín. Con su novio, el escritor Johannes Nohl, en una pensión de la Augsburger Straße, a escasos metros de la Ku'damm. Frecuentaba por entonces el Café des Westens, pero no la mesa de Else Lasker-Schüler sino la conocida como «mesa de los *Revoluzzer*», que acogía a un grupo de jóvenes revolucionarios, entre ellos Rosa Luxemburgo y Karl Liebknecht. Y entre ellos también dos íntimos de Mühsam: Ernst Toller y Gustav Landauer.

Los tres amigos se declaraban «anarcopacifistas» y rechazaban el uso de la violencia. Los unía la pasión por la literatura: Gustav Landauer era traductor y experto en Shakespeare, Ernst Toller se iniciaba en la poesía de corte expresionista y el propio Mühsam escribía obras de teatro y cabaret, además de colaborar en la revista satírica *Simplicissimus*.

La guerra los separó. Mühsam se negó a ser movilizado y fue condenado a seis meses de cárcel. Landauer se libró de ser llamado a filas por sobrepasar los cuarenta años, pero organizó acciones de protesta, fue represaliado y acabó refugiándose en un pueblecito de Suabia. Toller, mucho más joven que sus amigos, se dejó infectar por el virus patriotero y se presentó voluntario. Luchó en Verdún, fue condecorado y ascendido a suboficial. En 1916 sufrió un colapso psíquico y físico y tuvo que ser ingresado en un sanatorio.

Los tres volvieron a reunirse tras la guerra. En Múnich. Allí participaron en la organización y proclamación, el 7 de abril de 1919, de la República de los Consejos. Tras el fracaso de la revolución en Berlín, y siguiendo el modelo de la Unión Soviética, la República de los Consejos pretendía instaurar un régimen comunista en Baviera. Pero el experimento apenas duró un mes; alarmado, el gobierno envió nueve mil soldados del ejército regular, a los que pronto se sumaron más de veinte mil combatientes de los *Freikorps*. Los responsables de la revuelta fueron detenidos.

El que peor suerte tuvo fue Landauer, que cayó en manos del *Freikorps Epp*, al mando del general de brigada Franz Ritter von Epp y conocido por ensañarse con los prisioneros. El encargado de interrogarlo, el barón Heinrich von Gagern, le golpeó repetidas veces con un trillo en la cabeza. Cuando ya no había preguntas que hacer, un soldado desconocido le disparó por la espalda. El cuerpo de Landauer seguía palpitando, así que unas desconocidas botas paramilitares lo patearon hasta rematarlo. Mühsam fue apresado por las fuerzas regulares y sometido a juicio. Lo calificaron de «elemento perturbador» y lo condenaron a quince años de cárcel. Toller siguió el mismo camino, pero gracias al testimonio de un antiguo profesor suyo —el eminente sociólogo Max Weber—, que declaró a su favor aduciendo «integridad en sus convicciones morales y éticas», recibió una condena de solo cinco años.

Mühsam y Toller coincidieron en la cárcel de Niederschönenfeld. Apenas se podían ver una hora en el patio, pero tenían mucho tiempo para escribir y cavilar. Mühsam compuso un poemario, *Tierra quemada: versos de un luchador*, y el drama proletario *Judas*. Mirando las rejas de la celda fijó el objetivo por el que seguiría luchando el resto de su existencia: «No solo la igualdad en la distribución de los bienes materiales, sino la igualdad también en lo que se refiere a camaradería, respeto mutuo y amor al prójimo». Esa sería la divisa de su revista.

Toller escribió sus primeras piezas teatrales; la tragedia antibélica *Hinkemann* y el drama social *El hombre masa*, en el que abordaba los conflictos de conciencia surgidos a partir de su postura pacifista y a la vez revolucionaria. Ambas obras se representaron en Berlín y fueron muy bien acogidas. Tras repetir éxito con la siguiente, *La transformación,* sus amigos trataron de convencerlo para que hiciera una petición de gracia. Pero Toller rehusó. Por orgullo, por no dejar a sus compañeros en la estacada y por miedo. Un día, al volver del habitual paseíllo en el patio de la prisión, encontró en su catre una nota que decía: «La vida aquí es difícil de aguantar, pero fuera acecha Ehrhardt». Toller entendió perfectamente el mensaje: Hermann Ehrhardt, que poco después fundaría la Organización Cónsul, vivía por entonces en Múnich en la clandestinidad y se había especializado en dar caza a los revolucionarios que salían prematuramente de la cárcel. Así que Toller prefirió cumplir la pena completa.

La condena incluía la expulsión posterior de Baviera, pero él ya había decidido trasladarse a Berlín. Cuando salió de la cárcel, en julio de 1924, el Café des Westens había cerrado, de modo que no le quedó más remedio que ir al Romanisches Café. Aquí también había una «mesa de los *Revoluzzer*». Estaba situada en la zona de no nadadores y el nombre se lo había dado Kalle, en homenaje a la original. Claro que, tras el asesinato de Rosa Luxemburgo y Karl Liebknecht y la dispersión de muchos de sus acólitos, en la mesa de los *Revoluzzer* había caras nuevas. La mayoría de ellas pertenecía a artistas y hombres de letras de la *Novembergruppe,* una asociación vanguardista que seguía siendo fiel a los principios radicales y revolucionarios del levantamiento de noviembre de 1918. Tertulianos fijos eran John Heartfield, pionero del fotomontaje, y su hermano el editor Wieland Herzfelde —el de la bofetada a Kurt Hiller—, así como los pintores George Grosz y Rudolf Schlichter.

Mühsam, beneficiado por una amnistía, salió de la cárcel cinco meses más tarde que Toller. Podemos suponer que, ese día de diciembre de 1924 en que por primera vez puso sus pics en el Romanisches Café, se sentaría en la mesa de los *Revoluzzer*. Lo más probable es que lo citara allí su viejo amigo Ernst Toller. Y es muy posible además que dedicara los primeros minutos a observar lo que había a su alrededor, a pegar la oreja, más tarde tal vez a recorrer el local, a serpentear entre las mesas de las dos secciones, a asombrarse con la decoración neorrománica... Sea como fuere, no quedó muy contento. Lo dejó escrito en su libro de memorias *Unpolitische Erinnerungen* («Recuerdos apolíticos»):

> La bohemia, tal como la he conocido, ya no existe; hay personajes, sí, que gesticulan y hablan como los bohemios, pero nada más. El Romanisches Café es una bolsa de valores donde se compran y venden opiniones; nadie puede pensar en serio que este es un punto de reunión de espíritus libres, de desarraigados que alzan la voz, de marginados voluntarios, tal como sucedía en el Café des Westens; yo iba al Café des Westens y, entre la labor literaria y el entusiasmo idealista, mantenía elástico mi espíritu con la juguetona acrobacia del humor, de la ligereza, de la abstracción, de la crítica, de las agudezas malévolas, y compartía con los demás mis pensamientos, los amasábamos juntos... Hoy, el vestíbulo del teatro se ha convertido en el escenario, el café en semillero de un radicalismo de catequesis que adolece de la más mínima radicalidad creativa.

El párrafo tiene algo de exabrupto de nostálgico inadaptado. Pero también parte de verdad. La época dorada de la bohemia berlinesa había quedado atrás; en realidad, desde que el Café des Westens cedió el relevo al Romanisches Café. Los autoexiliados del Westens estaban ahora diluidos entre el resto de los clientes del nuevo local, y tal vez solo en la mesa de los *Revoluzzer* —y en el velador de Höxter— se respiraba el espíritu de antaño, esa atmósfera maldita y marginal que escandalizaba a los biempensantes. ¿Qué había pasado? Nada extraordinario; que los tiempos habían cambiado. Berlín no era el de antes de la guerra. Y menos aún a finales de 1924, cuando ya era palpable la mejoría de la situación económica. Porque la inflación había desaparecido. De un plumazo. Podemos recurrir al tópico, porque así fue: desapareció con una simple firma.

Sucedió a finales del año anterior. Primero se tuvo que producir un relevo en la cúpula del Reichsbank. Fue un relevo obligado, ya que el presidente, Rudolf Havenstein, murió repentinamente en noviembre de 1923, consumido por la presión y por las críticas. Su sustituto, Hjalmar Schacht, ordenó la inmediata introducción del *Rentenmark*. Si hasta entonces para comprar un dólar se necesitaban cuatro billones doscientos mil *Papiermark*, ahora bastaban cuatro *Rentenmark* y veinte pfennigs. La operación era arriesgada, porque con la nueva moneda se hipotecaban todas las riquezas del país: terrenos, propiedades inmobiliarias, industria, mercancías... Además, aunque, por supuesto, la administración pública lo adoptó, el *Rentenmark* no era de curso legal, por lo que no había obligación jurídica de reconocerlo. Pero la medida tuvo éxito, sobre todo porque la nueva moneda —planeada en principio como solución transitoria— fue aceptada en seguida por la población. Se pudo así frenar la emisión de billetes sin respaldo, los precios dejaron de subir y un comisario se encargó a partir de entonces de supervisar la estabilidad monetaria. En suma, que desapareció la inflación y se establecieron los fundamentos para que creciera la economía. Fue el llamado «milagro del *Rentenmark*».

La inflación no fue el único fantasma que logró ahuyentar la República de Weimar en ese otoño de 1923. El sábado día 8 del mismo mes de noviembre, un grupo de afiliados del NSDAP, el Partido Nacionalsocialista Obrero Alemán, irrumpió en la cervecería muniquesa Bürgerbräukeller, donde se reunían varios miembros del gobierno regional bávaro. El líder de los intrusos —camisa parda, mostacho geométrico y revólver en mano— se subió a una silla, disparó al aire, se declaró en rebeldía contra la «incubación judeo-marxista» e hizo un llamamiento a la «revolución nacional». Su idea era recabar el apoyo del gobierno de Baviera y, emulando la *Marcia su Roma* de los «camisas negras» de Mussolini, iniciar con sus «camisas pardas» una marcha hacia Berlín.

Tras pasar la noche en vela dentro de la cervecería, Adolf Hitler y su cómplice, el mariscal de campo Erich Ludendorff —otro de los padres de la «leyenda de la puñalada»—, se pusieron al frente de más de mil seguidores, muchos de ellos fuertemente armados. Partieron del mismo Bürgerbräukeller entonando *Die Wacht am Rhein* y *Deutschland hoch in Ehren*. Pero no llegaron muy lejos. El gobierno de Baviera, tras fogosas discusiones, había decidido no unirse a un golpe en el que participaba «el prusiano Ludendorff». En el Odeonsplatz, por donde había de pasar la marcha, la policía apostó un cañón y varias ametralladoras pesadas. A las 12.45 sonaron los primeros disparos. No se sabe quién empezó el fuego, pero pronto llovían proyectiles desde todas las direcciones.

Murieron cuatro policías, dieciséis golpistas y el camarero de un café que salió alarmado a ver qué ocurría. El primero en caer fue el diplomático Max Erwin von Scheubner-Richter, uno de los fieles amigos a los que Hitler dedicaría pocos meses después su libro *Mi lucha*. Entre los otros golpistas muertos había cuatro tenderos, tres empleados de banco, un fabricante de sombreros, un camarero, un cerrajero, un estudiante, un criado, un oficial de caballería, un juez de provincia y un ingeniero; esto es, representantes de toda la sociedad.

Otro de los golpistas era molinero. Se llamaba Ulrich Graf, había participado en la fundación del NSDAP y no se separaba de Hitler. En medio del tiroteo se lanzó hacia adelante para proteger a su jefe. Una ráfaga lo alcanzó de lleno, pero consiguió salvar la vida y también la de su jefe, que cayó al suelo y se dislocó un hombro. La llamada a la «revolución nacional» subido a la silla de la cervecería fue la segunda tentativa de Hitler; una semana antes había hecho la primera, también en Múnich, ante varios cientos de seguidores que lo aclamaban bajo la cúpula de la sede del circo Krone. Pero la prensa apenas se hizo eco de ello.

La precaria y aún joven República de Weimar salió fortalecida de ese turbulento otoño. Se había librado de la inflación y de un intento de golpe de estado. Y el año 1924 trajo otra buena noticia: la comisión para reexaminar las reparaciones de guerra, al mando del norteamericano Charles G. Dawes, adecuó la cuantía de lo que debía pagar Alemania a su capacidad económica. Además, acordó la concesión de préstamos por parte de Estados Unidos y decretó la retirada de las tropas francesas y belgas de la cuenca del Ruhr, invadida un año antes para exigir a Alemania indemnizaciones más cuantiosas. El Plan Dawes supuso una auténtica bendición. Alivió la carga que pesaba sobre el país, estimuló las inversiones y allanó el camino para el repunte económico.

Especialmente Berlín se benefició de él. La ciudad que en el siglo XVIII había sido apenas un recinto cuartelario inició una carrera que acabaría convirtiéndola en una de las metrópolis más modernas del mundo, en el mito de la «capital de la velocidad y de la técnica». Ese mismo año de 1924 se terminó de construir el aeropuerto de Tempelhof, se inauguró el tren eléctrico metropolitano, se celebró la primera feria de radiofonía y se abrió el observatorio Einstein para probar la teoría de la relatividad; se amplió además el metro, se expandieron las redes de tranvías y autobuses, se ensancharon muchas calles y se levantaron las primeras torres de señales que regulaban un tráfico cada vez más intenso.

El escritor Alfred Döblin acuñó entonces el término «Berlin-Benzin» —un «Berlín-Gasolina» rimado—, para expresar el estímulo que recibía de la ciudad a la hora de escribir: «Esa excitación de las calles, los comercios, los automóviles es el calor que siento cuando trabajo, es la gasolina que hace rodar mi motor». La frase revela cómo el repunte que vivía Berlín, el ambiente de cambio, de avance, de euforia, acabó también impregnando el mundo de la cultura, del arte y del espectáculo. Ya desde el fin de la guerra, y tras la caída del Imperio austrohúngaro, Berlín había suplantado a Viena como capital cultural de Centroeuropa. Y ahora, con la nueva prosperidad, no pasaba una semana sin que se inaugurara un nuevo teatro, un nuevo cine, una nueva exposición de pintura o de fotografía. La ciudad ofrecía además infinidad de espectáculos, y todo tipo de orquestas y bandas musicales, en especial de jazz, la última moda, inundaban sus salas. La oferta era inmensa, y los berlineses salían en masa a divertirse; se había instaurado la jornada de ocho horas y tenían mucho tiempo libre. Y billetes de verdad.

Como no podía ser de otra forma, los cambios afectaron también a los mismos agentes culturales. La nueva generación de artistas y escritores contaba ya con pocos desarraigados o marginados más o menos voluntarios. Apenas quedaban motivos para alzar la voz: no estaba el káiser, tampoco había guerra, la situación económica y política empezaba a estabilizarse, y la mayoría de los artistas y literatos se identificaba con los postulados democráticos de la Constitución de Weimar; además, la experiencia de la inflación —que había azotado con crueldad a las profesiones liberales— les hizo entender que lo prioritario era asegurarse el *modus vivendi,* amarrar unos ingresos estables. No querían seguir malviviendo, verse forzados a ejercer empleos ajenos a su talento, como el dramaturgo Carl Zuckmayer, que llegó a traficar con drogas, o como Kurt Tucholsky —más humillante aún para un escritor—, que tuvo que aceptar un trabajo en un banco.

Ahora, en este Berlín dinámico y optimista que estaba superando la crisis, que veía cómo la cultura se convertía en un fenómeno de masas, con cientos de miles de personas en busca de distracciones para ocupar su tiempo libre, ahora sí se podía pensar en vivir del talento artístico o de la vocación literaria. El escritor podía encontrar un editor generoso, o publicar artículos y folletines en diarios de gran tirada; el dramaturgo, estrenar en alguno de los numerosos teatros o ingresar un sobresueldo con el nuevo género del radioteatro; el pintor podía ganarse la vida con encargos de ricos clientes, o ver sus cuadros expuestos en galerías de prestigio y muy visitadas; el fotógrafo podía aspirar a que sus fotos acompañaran los reportajes gráficos de las nuevas revistas ilustradas, que causaban sensación; los actores podían combinar el teatro y el boyante mundo del cine, con millones de espectadores; los músicos y cantantes tenían la posibilidad de grabar discos y ganar así dinero y la eternidad, y tenían asimismo abiertas las puertas de cientos de salas de baile —*dancings* se llamaban—, cabarets, revistas y espectáculos de varietés.

Claro que para ello había que hablar y negociar con editores y jefes de redacción, expositores y galeristas, empresarios teatrales, dueños de salas de cabaret, tratantes de arte, productores y directores de cine... Y una buena manera de hacerlo era acercarse una tarde al Romanisches Café, que se estaba convirtiendo en el lugar de encuentro preferido del mundo del arte, de la cultura y del espectáculo de Berlín. Un lugar ideal ya no solo para una amena tertulia literaria sino también, o sobre todo, para establecer contactos; no en vano la gente lo empezaba a llamar ya «el café de las posibilidades infinitas».

Fue Walter Benjamin el primero en llamar la atención sobre esta mudanza. Benjamin vivía ese año 1924 entre Berlín y Frankfurt. La inflación había esquilmado la fortuna familiar, pinchado su colchón económico, y él trataba de abrirse camino como crítico, ensayista y traductor. Además, preparaba la habilitación que le permitiera acceder a una cátedra en la Universidad de Frankfurt. Entre el trabajo de escritorio y los continuos viajes, no le quedaba mucho tiempo libre para recorrer los cafés. Antes de la guerra, que pasó en el exilio en Suiza, había sido esta una de sus aficiones favoritas. Iba entonces mucho al Café des Westens —por lo menos hasta el encontronazo con Lasker-Schüler—, pero prefería merodear por diferentes locales, picotear en este y aquel en busca de fogonazos que alumbraran sus teorías, o de retazos de conversación que luego convertía en anécdotas de doble fondo.

En el Romanisches Café Benjamin asistió a la escena del cliente quejica y el camarero filósofo —«sin pensar, simplemente ser filósofo»—; fue él quien nos la ha transmitido. El Romanisches Café era para Benjamin «un ejemplo particularmente gráfico de mezcla entre café profesional y café de esparcimiento». Y le sirvió de modelo para desarrollar su «fisiología del café». Según nos cuenta en su *Berliner Chronik,* con la mejora de la coyuntura económica, la bohemia berlinesa empezó a perder el aire amenazador que todavía desprendía en la época de los manifiestos revolucionarios dadaístas y expresionistas. Como consecuencia de ello, el burgués reconsideró su actitud hacia los clientes de este tipo de locales y se animó a acudir a ellos. Fue entonces cuando el café adquirió una nueva función. Y el artista tuvo que empezar a acostumbrarse a convivir con la burguesía, no solo con productores de cine y de teatro, sino también con ejecutivos, agentes de bolsa y viajantes de comercio súbitamente interesados en el arte y en la literatura, o a los que gustaba rodearse de un ambiente así.

Ernst Toller entendió en seguida los nuevos mecanismos que regían el mundo cultural. Al poco de salir de la cárcel se había convertido en uno de los dramaturgos más conocidos y celebrados de Berlín. Sin renegar de sus convicciones izquierdistas, no se privaba de frecuentar los salones burgueses y elegantes de la Kurfürstendamm y de Grunewald; no era raro que acudiera a ellos en taxi después de pronunciar un mitin ante obreros o sindicalistas.

Toller era agraciado, mundano, elocuente, e iba siempre bien vestido. En el Romanisches se movía como pez en el agua. Saludaba primero a los *Revoluzzer,* se sentaba luego un rato con Erwin Piscator, el director de sus obras, y saltaba después de mesa en mesa para hablar con este y con aquel. Era querido y respetado entre los clientes, si bien algunos lo tenían por engreído y vanidoso, y lo acusaban de —como reza la expresión alemana— «darse continuamente palmaditas en el hombro».

Sin duda le gustaba ser el centro de atención, pero no se le podía negar integridad moral y un compromiso de corte humanista. En sus dramas y artículos —que publicaba en la prestigiosa *Die Weltbühne*— se ocupaba sobre todo de los problemas que plantea el pacifismo, de la posibilidad de que la violencia sea moralmente repudiable y al mismo tiempo inevitable. Reflexionaba también sobre las contradicciones del socialismo, doctrina con la que simpatizaba desde una distancia crítica. Rehuía los dogmatismos y conservaba algo de su natural soñador: propugnaba una revolución sin sangre, y su utopía, en esto coincidía con Mühsam, era una acracia sin caos. No era un oportunista, ni un representante prematuro de la *gauche divine*. Su trayectoria posterior y su trágico final vendrían a confirmarlo.

Mühsam, por su parte, no pudo o no quiso adaptarse a las nuevas circunstancias. Añoraba la bohemia de antes de la guerra, la que renegaba de la burguesía y era a su vez acusada por esta de malgastar las tardes en los cafés tratando de arreglar el mundo con recetas subversivas. Incluso el *Vorwärts*, el órgano de la socialdemocracia, los acusaba entonces, a él y a sus amigos anarcopacifistas, de llevar una «existencia parasitaria», de ser «chusma literaria» y unos «frustrados académicos echados a perder».

No podía extrañar que un bohemio de primera generación, un anarquista de libro que había pasado la juventud en tabernas, cafés y cabarets proletarios, escribiendo para revistas clandestinas artículos casi místicos sobre sociedades utópicas, no se sintiera a gusto en un café con puerta giratoria, decoración guillermina y olor a humo de puro —que no de pipa—; un café, además, con la mitad de la clientela encorbatada y un portero que desnudaba al recién llegado con la mirada. Pero Mühsam era demasiado severo. Porque, llámese bohemia o no, entre las paredes del Romanisches Café no faltaba ingenio, humor, espíritu ni talento. Y en torno a sus mesas de mármol se reunía ya buena parte de la vanguardia que marcaría en gran medida la vida cultural y artística de Europa en los años venideros. Lo vamos a comprobar en los capítulos que siguen.

¡LA TENGO QUE PINTAR!
1925

Recoge la tabaquera, se levanta de la incómoda silla estilo Thonet, hace un gesto de despedida al cerbero Nietz y se dispone a abandonar el local. En ese instante, de otra de las mesas se levanta un hombre de rasgos finos y duros, traje elegante y pelo engominado hacia atrás. Con paso rápido se acerca a la mujer y, sin mediar saludo, le espeta, le implora:

—¡La tengo que pintar! ¡La tengo que pintar! ¡Usted representa toda una época!

La mujer sujeta instintivamente el bolso, lo mira, vacila y sonríe:

—Pero ¿qué pretende usted? ¿Pintar mis ojos apagados, mis orejas retorcidas, mi nariz larga, los labios delgados? ¿Quiere pintar mis largas manos, mis cortas piernas, los enormes pies..., cosas que van a espantar a la gente, que no van a gustar a nadie?

—Exacto. Se ha descrito usted perfectamente.

El episodio, que tiene lugar un día de primavera de 1925, lo conocemos gracias a la propia protagonista femenina: Sylvia von Harden. Lo contó casi cuarenta años después en un artículo titulado *Erinnerungen an Otto Dix* («Recuerdos de Otto Dix»).

Ese día en que fue arrollada de forma tan poco gentil, Sylvia von Harden tenía treinta y un años, pero parecía mucho mayor. Había vivido rápido. A los veinte años se escapó de casa de sus padres, «asfixiada por la atmósfera burguesa» del barrio de Hamburgo donde había crecido. Se fue a Berlín sin un céntimo en el bolsillo, frecuentó ambientes bohemios y se casó con el poeta expresionista Ferdinand Hardekopf. Se separó y se mudó a Zúrich. Allí trabajó para la editorial Rauscher, publicó su primer libro de poemas —*Verworrene Städte* («Ciudades confusas»)— y editó una revista efímera titulada *Die Bücherkiste* («La caja de los libros»). Se cansó de Zúrich, viajó por varias ciudades europeas y regresó a Berlín. En el Café des Westens conoció a Friedrich Carl Lehr, otro poeta expresionista, y se casó con él. Atormentado, incapaz de superar el trauma de la guerra, Lehr se pegó un tiro pocas semanas después delante del café donde se habían conocido. Sylvia von Harden dejó de componer poemas y no volvió a pisar el Café des Westens. Se volcó en el trabajo. Empezó a escribir una novela sobre Robespierre y folletines para el *Berliner Tageblatt*, el *Berliner Volkszeitung* y el *Prager Presse*. Y adoptó la costumbre de pasar las tardes en el Romanisches Café.

El currículum de Sylvia von Harden es representativo del nuevo papel que empezaba a desempeñar la mujer. Todavía en la época guillermina, el espacio vital de las mujeres alemanas quedaba reducido a las tres kas de *Küche*, *Kinder* y *Kirche*, esto es, cocina, niños e iglesia. La cesura vino con la Gran Guerra del 14 al 18, cuando muchas mujeres tuvieron que asumir tareas que convencionalmente correspondían a los hombres, en especial en las fábricas de la industria armamentista pero también en empresas y bancos (no sé hasta qué punto se ha investigado sobre la influencia de las situaciones de fuerza mayor en la autodeterminación femenina; sin duda es una causa relevante). Al terminar la guerra, sobre todo las mujeres jóvenes y urbanitas se negaron a quedar relegadas al papel de amas de casa, niñeras y devotas feligresas, y reclamaron un rol más activo en la sociedad y una mayor presencia en el mundo laboral. Como consecuencia de ello, surgieron movimientos emancipadores en toda Alemania. Irrumpieron con fuerza y muy pronto obtuvieron resonancia: la Constitución de Weimar recogió el sufragio femenino y en las primeras elecciones al Parlamento, celebradas en enero de 1919, votó casi el noventa por ciento de las mujeres mayores de veintiún años. Y casi el diez por ciento de los diputados elegidos fueron mujeres (una cifra que no se volvió a alcanzar hasta 1983). Las nuevas parlamentarias sacaron adelante una serie de «leyes para mujeres». Entre ellas, la ampliación de la protección a la maternidad y la garantía de un seguro social para el trabajo a domicilio. Esta última ley trataba sobre todo de aliviar la precaria situación de miles de costureras. Otro logro, aunque al principio de mero valor simbólico, fue la autorización oficial para ejercer de jueces.

A comienzos de los años veinte trabajaba en Alemania ya casi el treinta y cinco por ciento de las mujeres. Cierto que la mayoría aún como vendedoras, sirvientas, modistas, peluqueras, operarias en la industria textil, secretarias, telefonistas o estenotipistas. Y una buena parte en el mundo del espectáculo, como bailarinas, cantantes o actrices. Pero cada vez había más mujeres con título universitario que ocupaban cargos intermedios en empresas y bancos, o que hacían carrera en la administración o en la universidad —la primera catedrática, la química Margarete von Wrangell, accede al puesto en 1923—. Y tampoco era raro ver mujeres desempeñando profesiones liberales: abogadas, médicas o, como el caso de Sylvia von Harden, periodistas.

La emancipación social y económica, unida a la autoconfianza adquirida y a la liberalización de las costumbres, se reflejaba también en las calles de las grandes ciudades. Por la Ku'damm caminaban a paso presuroso mujeres con el pelo a lo *bubi,* traje de corte masculino y zapatos planos; iban al trabajo y parecían querer disputarle al hombre su posición. Al anochecer, las mismas mujeres salían con tacones altos, falda corta, el pelo adornado con una diadema, una mantilla sobre los hombros y un cigarrillo con boquilla entre los dedos. Se habían liberado de la incómoda faja que atormentaba a sus madres y miraban y se movían con una mezcla de desafío y coquetería. A veces hasta se ponían un sombrero de copa y un monóculo. El colmo de la provocación.

Muchas de estas mujeres entraban al Romanisches Café. No todos los clientes las veían con buenos ojos (en esto Berlín no era muy diferente a otras capitales europeas; en su libro *Las ciudades y los escritores,* Fernando Savater cuenta que, pocos años después, la primera visita a un café parisiense de Simone de Beauvoir fue considerada un acto de rebeldía). A veces acudían solas y se sentaban también solas, como en el caso de Sylvia von Harden, que solía fumar y beber su cóctel en una mesa apartada de la sección de no nadadores. O formaban tertulias entre ellas, como la conocida por el público masculino más conservador como la «mesa de las mujeres que escriben». Else Lasker-Schüler ejercía aquí de gran dama de las letras. Había engordado, ya no se alimentaba solo de nueces —en el café solía tomar té con pastas—, pero seguía impartiendo consejos iconoclastas a las jóvenes escritoras y periodistas que revoloteaban a su alrededor. Tenía una frase favorita para despachar los textos que no le convencían: «Esto lo podría haber escrito Goethe».

Else Lasker-Schüler no era el único reclamo para animar a las jóvenes a entrar en el Romanisches. Poder de convocatoria tenía también la escultora y dibujante Käthe Kollwitz. Con el pelo recogido y la mirada pesarosa, parecía una abuelita mansa y apacible —en 1925 rozaba los sesenta años—. Pero su obra era todo lo contrario; se movía entre el expresionismo más radical y un realismo sumamente crítico.

En 1924, Kollwitz había causado revuelo con un cartel que reclamaba la abolición de la ley del aborto. La ley, que databa de 1871 y penaba el aborto con hasta cinco años de prisión, era otro de los campos de batalla de las feministas. Porque no solo atentaba contra el derecho a decidir sobre el propio cuerpo, sino que además tenía consecuencias funestas, en especial para las mujeres proletarias. Sin apoyo de ningún tipo, muchas de ellas acababan en prisión por haber abortado, o bien enfermaban o morían tras ser sometidas a tratamientos bárbaros o a operaciones en ínfimas condiciones de salubridad (se calcula que, a pesar de la amenaza de cárcel, a mediados de la década de los veinte se practicaban en Alemania hasta un millón de abortos clandestinos al año).

En el cartel de Kollwitz aparece una mujer embarazada, envuelta en ropas andrajosas y con un bebé en brazos. A la mano libre se aferra otro niño. El rostro demacrado de la madre refleja una tristeza infinita; el del niño, semioculto tras la mano, la indefensión y el miedo más absolutos. Yo creo haber visto rostros así en cuadros y grabados de Goya, en los de la serie *Los desastres de la guerra,* por ejemplo; no soy ningún experto, pero a mí me parece que las expresiones son muy parecidas.

El llamamiento que incluía Käthe Kollwitz en su cartel, «¡Abajo los artículos del Código Penal sobre el aborto!», no tuvo efecto inmediato. Pero sí contribuyó a que, dos años después, en 1927, se legalizara la interrupción del embarazo «por motivos de salud», lo que abría un resquicio para los médicos que se apiadaban de las pacientes.

Otra prominente romanista habitual era la también escultora Renée Sintenis: altísima, desgarbada, de rasgos aindiados y con ese aire andrógino tan propio de la época. Tenía casi veinte años menos que Lasker-Schüler y Kollwitz, pero también ella había roto con su familia para dedicarse al arte —se negó a ejercer de secretaria de su padre, un prestigioso abogado—. Trabajó primero de modelo y luego de escultora. Creó bustos de los escritores Joachim Ringelnatz y André Gide, y esculpió también a deportistas, entre ellos al corredor Paavo Nurmi, el «finlandés volador» que acababa de ganar dos medallas de oro en las Olimpiadas de París. Sintenis sentía predilección por los motivos deportivos —*jockeys,* gimnastas, atletas, incluso futbolistas—, pero el reconocimiento internacional le había llegado con unas figurillas de gran plasticidad que representaban animales jóvenes; potros, cervatillos, cachorros... Muchos años más tarde, una de esas esculturas, *El osezno,* serviría de modelo para la estatuilla del Oso de Oro que se concede todos los meses de febrero en el Festival de Cine de Berlín.

Quizá la mujer que más curiosidad despertaba entre todas las asiduas al café fuera Valeska Gert. De profesión cantante, bailarina y actriz, Gert tenía una movilidad pasmosa, una irreprimible vis cómica y un rostro de goma capaz de hacer las muecas más inverosímiles. Se había hecho famosa por sus excéntricas pantomimas de boxeadores, prostitutas, hipocondríacos y moribundos, y por los números en los que escandalizaba al público desprevenido simulando orgasmos en escena. Como muchas otras actrices, también Gert empezaba a dar los primeros pasos en el cine. Ese año de 1925 participaba en el rodaje de la película de Georg Wilhelm Pabst *Bajo la máscara del placer*. Interpretaba a una costurera celestina. El papel estelar, la chica que se prostituye para ayudar a su arruinada familia, se lo había ganado la jovencísima Greta Garbo. La película transcurría en la Viena de la posguerra, pero algunas de sus escenas —las largas colas ante las tiendas, el burdel tras el taller de la costurera— transportarían a muchas espectadoras berlinesas a los ásperos y aún recientes años de la inflación.

El Romanisches Café era el lugar idóneo para un pintor en busca de modelos femeninos que encarnaran la modernidad. Y Otto Dix estaba obsesionado con la nueva mujer. Pocos meses antes de abordar a Sylvia von Harden, ya había conseguido convencer a la bailarina Anita Berber de que posara para él: embutida en un ajustadísimo traje rojo chillón, teñida de pelirroja, los labios entreabiertos pintados de rojo, la mirada mortecina y el rostro maquillado con polvo de arroz para hacer resaltar aún más la seda roja de su vestido. Y el rojo de la pared del fondo. Como si toda su vida fuera de ese color.

No he podido localizar dónde conoció Otto Dix a Anita Berber. Me hago la ilusión de que fue también en el Romanisches Café, pero no hay indicios de ello. Tampoco es muy probable, ya que Berber pasaba el día en la cama y apenas se levantaba para salir a escena y recorrer después los locales más disolutos de Berlín. Se había convertido en el icono de la vida nocturna, en el mito sexual de una ciudad erotizada y que ya cargaba con estigmas —o reclamos— como «Berlín-Sodoma» o «Berlín la ramera».

Anita Berber tenía apenas veinticinco años cuando fue retratada, pero Dix la hizo parecer treinta años mayor. El cuadro era la viva imagen de una degradación ya en curso, porque Berber —que padecía tuberculosis— consumía una botella de coñac y varias dosis de cocaína y morfina al día. Su vida era una sucesión de excesos y escándalos: se había casado tres veces y alternaba sus maridos con numerosos amantes, hombres y mujeres. Practicaba y defendía abiertamente la prostitución, y se desnudaba en lugares públicos y en el escenario. Antes de sus actuaciones, en Eldorado y en el Metropol Varieté, mascaba hojas de rosa empapadas en una solución de éter. Se presentaba como la Nueva Salomé, la Sacerdotisa de la Depravación, y su espectáculo estrella se titulaba *Danzas del vicio, del horror y del éxtasis.* Cuando el público se enardecía, o bien los apaciguaba con un «tranquilos, que me acostaré con cada uno de vosotros» o bien los insultaba soezmente. En más de una ocasión atacó con su botella de coñac a los vociferantes de la primera fila.

No eran raras las denuncias. En los archivos de la policía berlinesa se conserva una de un probo berlinés que describe uno de los números de Berber:

> Está prácticamente desnuda y se acaricia y frota los pezones adoptando posturas sensuales e incitadoras. Sin ningún género de dudas, esta bailarina pone en peligro la moralidad y hiere la sensibilidad de forma extraordinaria.

El informe del policía encargado de verificar la denuncia —que acabaría con la apertura de un expediente— también parece complacerse en la descripción del delito:

> El baile no solo provoca la vibración de los pezones, sino que deja al descubierto las partes pudendas. El final, cuando la bailarina se tumba con las piernas abiertas y las rodillas dobladas, es apropiado para herir de forma sumamente grosera la moralidad y la decencia.

Esa primavera de 1925, Dix acababa de llegar a Berlín. Venía de Düsseldorf, donde había trabajado en el taller del pintor expresionista Heinrich Nauen. Ya desde la «provincia» —como siguen llamando los berlineses al resto de Alemania— Dix había mantenido estrecho contacto con los círculos expresionistas y dadaístas radicados en la capital. Era una cuestión de tiempo que se instalara en Berlín, la ciudad donde germinaban las vanguardias artísticas del país. Alquiló un estudio espacioso en el número 190 de la Kurfürstendamm y, unos metros calle arriba, una vivienda igualmente amplia y cómoda donde alojó a su familia.

Dix aún no podía vivir de la pintura —los alquileres los pagaba su suegro, un rico director de banco—, pero sus cuadros daban mucho que hablar. En 1922 había sobresaltado a la opinión pública y al mundo del arte con *La chica ante el espejo*. El cuadro muestra, de espaldas, a una atractiva joven embutida en un corpiño que se mira en el espejo; la imagen refleja a una anciana decrépita y desdentada, con los pechos caídos y el sexo que asoma de una abertura del corpiño. Poco después, Dix pintó una escena interior, *Salon II,* que reúne a cuatro prostitutas desnudas en torno a su proxeneta.

Ambos cuadros fueron confiscados y denunciados por «lascivia y obscenidad». La causa fue sobreseída gracias a la intercesión de Max Slevogt y Max Liebermann, insignes pintores impresionistas e influyentes miembros de la Academia de Bellas Artes de Prusia.

El siguiente altercado lo causó una serie de cuadros sobre la guerra (como tantos hombres de luces, Dix se presentó voluntario para luchar en el frente; y, como la mayoría de ellos, regresó convertido en pacifista). El primero, *El vendedor de cerillas,* muestra a un excombatiente ciego, con las manos y las piernas amputadas, ante el que pasan de largo los indiferentes peatones; el ciego tan solo llama la atención de un perro salchicha que, como si fuera el tronco de un árbol, hace sus necesidades en él. La segunda pintura de la serie, *Los mutilados de guerra,* es un siniestro desfile de lisiados encabezado por un suboficial —«el espíritu del suboficial»—, quien, con las piernas y un brazo amputados, porta con orgullo su cruz de hierro. Cierra la serie la que ya es una de las obras maestras de Dix: *La trinchera,* un enorme óleo de 2,30 por 1,50 metros que muestra una maraña de cadáveres en descomposición; sobre ellos flota un soldado ensartado con bayonetas y restos de rieles de tren. De nuevo tienen que intervenir Max Liebermann y Max Slevogt para evitar que Dix acabe en el calabozo.

Max Slevogt y Max Liebermann presidían la tertulia más señera del Romanisches Café, la única que pervivía de los tiempos anteriores a la invasión de Else Lasker-Schüler y sus fieles bohemios. La situación central de la «mesa de los catedráticos del pincel», en el umbral de los nadadores y los no nadadores, se debía a que en aquellos días aún no existía una clara división entre las dos zonas. Era una tertulia solemne y comedida, de las más silenciosas del café, y en torno a los dos gerifaltes se solían agrupar el pintor checo Emil Orlík, representante del *art nouveau,* y Karl Hofer, director de la Escuela Superior de Bellas Artes de Berlín, así como los galeristas y marchantes Alfred Flechtheim y Bruno Cassirer. Todos ellos pertenecían al *establishment* del mundo de arte. Tenían ya una edad respetable —casi todos pasaban de los sesenta—, estaban bien situados y consumían pausadamente café y coñac.

Cuando Otto Dix bajaba al Romanisches Café, después de dejar los pinceles en remojo, saludaba primero a los integrantes de la mesa de los pintores. Por respeto y por agradecimiento; no era obvio que miembros de otra generación y de una corriente pictórica tan distinta reconocieran su talento e intercedieran por él (las escenas de gráciles tenistas en la playa que pintaba Liebermann estaban en las antípodas del arte de Dix). Pero luego se reunía con sus colegas George Grosz y Rudolf Schlichter en la mesa de los *Revoluzzer.* Los tres se conocían de antes, de cuando se citaban en Berlín para organizar alguna exposición o algún acto —*happening* diríamos hoy— con los que provocar al público y a la autoridad.

George Grosz era ya conocido por sus drásticos cuadros plagados de gordos oficiales con monóculo y bigotazo prusiano, de financieros e industriales con calva brillante y puro habano, y de sacerdotes con crucifijo al cuello y mirada lasciva; a su lado, como contraste, vegetaban los vagabundos, los mutilados de guerra y los niños famélicos. Grosz había sido uno de los introductores del dadaísmo en Alemania —«nos reíamos de todo, escupíamos a todo, y eso era dadá»—. En 1920 había participado activamente en la organización de la Primera Feria Internacional del Dadá, celebrada en Berlín. El tema principal de la feria era el odio a la autoridad, y George Grosz expresó el suyo mediante un cuadro titulado

Deutschland, ein Wintermärchen («Alemania, un cuento de invierno»). El centro lo ocupaba un obeso representante de la burguesía sentado a una mesa y armado con tenedor y cuchillo. A su alrededor se sucedían escenas de crímenes y prostitución en medio de un desolado paisaje urbano de cuarteles, iglesias, fábricas y burdeles. En la parte inferior del cuadro aparecían los «pilares de la sociedad»: un sacerdote, un general y un maestro de escuela reaccionario. El mensaje: «Después de la guerra es antes de la guerra». El cuadro fue confiscado por la policía y acabó en un sótano de Berlín. Sigue sin aparecer a día de hoy.

Rudolf Schlichter había iniciado su carrera artística dibujando estampas pornográficas bajo pseudónimo; así se costeó los estudios de arte en Karlsruhe. Más tarde, ya en Berlín, se dedicó primero a pintar escenas de la gran ciudad, del ajetreo y la animación de las calles. Pero muy pronto —siguiendo su «inclinación por lo feo y desagradable»— volvió su mirada a los ambientes marginales y de prostitución. Las pinturas de esta fase, con colores de gelidez industrial, muestran escenas llenas de violencia y degradación, también de sexo sórdido y masoquista, un tema que sería ya recurrente en su obra. Schlichter llegó al dadaísmo de la mano de Grosz, con quien compartía taller, y contribuyó a la Feria Dadá con una escultura de papel maché colgada del techo. Se titulaba *El arcángel prusiano* y representaba la marioneta de un oficial con cruz de hierro y hocico de cerdo. La extensa leyenda decía:

> Para poder entender del todo esta obra de arte es necesario hacer la instrucción diariamente y durante doce horas en el campo de maniobras de Tempelhof, con la mochila cargada de piedras y el equipo de campaña al completo.

Esos días de primavera de 1925, George Grosz, Otto Dix y Rudolf Schlichter no tenían tiempo de rememorar los viejos tiempos. Estaban ultimando los preparativos para la exposición que se iba a inaugurar el 14 de junio en Mannheim: *Die Neue Sachlichkeit. Deutsche Malerei seit dem Expressionismus* («La Nueva Objetividad. Pintura alemana desde el expresionismo»). El título había sido idea de Gustav Friedrich Hartlaub, el director de la Kunsthalle de Mannheim, y acabaría dando nombre a una nueva corriente artística. Atrás quedaban los tiempos de las utopías, de la subversión y de las innovaciones radicales, atrás quedaban la pose dadá y el desgarro expresionista. El berlinés Club Dadá se había disuelto y el expresionismo había alcanzado su cénit. Era hora de renovar.

Al igual que los movimientos inmediatamente anteriores, la Nueva Objetividad partía de un análisis crítico e intransigente de la sociedad. Y aspiraba también a plasmar su entorno con afán de denuncia. Lo novedoso era que los jóvenes artistas alemanes volvían ahora la mirada a la tradición realista, a las técnicas de los viejos maestros, si bien renovándolas para alcanzar mayores precisión y veracidad. Su intención era representar a las personas y los objetos en medio de lo cotidiano y con una frialdad y un distanciamiento que resultaran inquietantes y turbadores. Algunos querían incluso ir más allá y traspasar la frontera entre la veracidad y el verismo, esto es, exagerar, distorsionar y enfatizar para llevar al extremo el realismo figurativo. Y novedoso era también que los jóvenes artistas situaran en el centro de su atención el retrato, un género desatendido por sus contemporáneos. Claro que debían ser unos retratos en el filo de la caricatura, en esa zona difusa entre lo realista y lo grotesco.

Era esto a lo que aspiraba Otto Dix con sus estampas femeninas. Con Anita Berber había retratado y caricaturizado a la mujer que personificaba el «ardor salvaje de su generación» —según expresión de un crítico contemporáneo—. Ahora, con Sylvia von Harden, pretendía plasmar de la misma forma otro icono que para muchos era igualmente perturbador: el de la mujer intelectual.

A pesar de su escaso tacto, Dix logró que Von Harden posara para él. Pero no le dio tiempo a presentar el retrato en la nueva exposición. Lo terminó a lo largo del otoño y lo expuso en Berlín en 1926. El cuadro, de técnica mixta, tiene unas medidas de 120 por 88 centímetros y se ha convertido en uno de los referentes de la Nueva Objetividad. Hoy día adorna una pared del Museo Nacional de Arte Moderno en el parisino Centro Pompidou. El rótulo reza, simplemente: *Retrato de la periodista Sylvia von Harden.*

El marco es, para mi gusto, demasiado grueso. Pero el cuadro es soberbio. Sylvia von Harden está sentada, sola, a un velador de mármol del Romanisches Café. Encima de la mesa hay una caja de cerillas y una pitillera con su nombre grabado. Hay también un vaso cónico con una pajita larguísima; parece un cóctel de champán, tal vez con algo de Campari, por el tono anaranjado. Von Harden lleva monóculo y el pelo cortado a lo *bubi*. Sus rasgos tienen algo de un Höxter femenino: la nariz y la mandíbula son desproporcionadamente largas; la boca, entreabierta y torcida en un gesto desagradable, deja ver una dentadura caballuna. Las orejas son enormes y enroscadas. Los ojos están enmarcados en párpados hinchados. El vestido de corte recto convierte el tronco en un rectángulo. La única curva femenina que se entrevé bajo el vestido es la cadera; pero también ella queda medio tapada por una mano desmesuradamente grande y delgada, como de reptil, o como de cadáver. Von Harden no lleva pendientes ni joyas. Tan solo un anillo que no es de casada. Algunos dicen que es un detalle de feminidad, otros de emancipación, aunque a mí me parece uno de esos anillos de rancia tradición que adornan el dedo estricto de los oficiales prusianos. Entre el índice y el medio cuelga un cigarrillo. La voluta del humo da a entender que la fumadora acaba de hacer un giro brusco con la mano, como para recalcar lo dicho. Porque ha dicho algo. Algo muy serio que el invisible interlocutor seguro que escucha con atención.

LA IRRUPCIÓN DE LOS PERIODISTAS
1926

La estación Zoologischer Garten ha cambiado mucho. Para bien y para mal. Resulta ya difícil revivir aquí escenas de *Christiane F. – Los niños de la estación del Zoo*, la truculenta historia de una adolescente adicta a la heroína que transcurre en esta estación berlinesa y sus alrededores (y que cuenta con una excelente actuación en directo de David Bowie). La estación ya no es el centro de droga y prostitución que fue en los años setenta y ochenta, pero tampoco es el principal nudo de comunicaciones de Berlín. Hace más de diez años que los trenes de larga distancia que llegaban del oeste no paran en la Zoo; desde 2006, el año en que se inauguró la flamante y vanguardista Estación Central, al norte del Tiergarten. Entonces, los dueños de quioscos, floristerías y tiendas de *souvenirs* de la Zoo, temerosos de perder el trasiego de cincuenta mil pasajeros diarios, organizaron una campaña de firmas, incluso un funeral simbólico. Fue inútil. La estación quedó rebajada casi a apeadero de provincias. Parece que ahora hay un proyecto para modernizar sus instalaciones, se está pensando incluso en volver a traer los trenes procedentes de

París, de Colonia, de Düsseldorf, pero, de momento, por sus andenes solo circulan vagones con destino a Hoppegarten y Ahrensfelde.

He pasado la mañana visitando escenarios de esta crónica, pisando sin querer *Stolpersteine* —esas «piedras tropezonas» que es mejor traducir como «placas conmemorativas»—, y ahora estoy leyendo el *Bild-Zeitung* en el puesto de salchichas Curry 36, justo a la salida de la estación Zoo. El *Bild* es un tabloide de imágenes aparatosas y titulares multicolor. Es sensacionalista, demagógico y patriotero, sobre todo en época de campeonatos de fútbol, cuando compite con *The Sun* o *Daily Mail* por ver quién saca la portada más chovinista; aunque hay que admitir que, en tiempos de paz futbolera, el *Bild* no se encanalla tanto como sus homólogos británicos. La *Currywurst* —obviamente, el superventas del Curry 36— es una salchicha a la parrilla troceada, bañada en una salsa tipo kétchup y espolvoreada con curry, un reto para el paladar foráneo que se sirve en bandejita de cartón acompañada de un panecillo tan seco como ese mismo cartón en que se sirve (dicen que la inventó una tal Herta Heuwer en los años cincuenta, pero yo me pregunto si no será sucesora directa de las salchichas sumergidas en *gulash* del Romanisches Café).

Hojeo las chillonas páginas del diario mientras pesco con el tenedor de plástico las rebanadas de carne rosada. Tengo que admitir que el *Bild* me entretiene y que la salchicha es comestible. Ambos han dado sin duda con la fórmula mágica. En Berlín se consumen más de setenta millones de *Currywürste* al año, la salchicha cuenta con museo propio —en la Schützenstraße 70, muy cerca del Checkpoint Charlie— y ha sido elevada a la categoría de *Delikatesse* local, a símbolo culinario del multiculturalismo en una de las pocas ciudades europeas que siguen apostando por él. Y la receta del *Bild*, mezcla de información y entretenimiento, gusto por el escándalo y el chismorreo, visión simplona y dramatizada del mundo, lo ha convertido en el diario más vendido del país y en el de mayor incidencia en la opinión pública.

Es mediodía y el Curry 36 está casi lleno. La mayoría de mis vecinos que engullen la *Currywurst* apoyados en unas mesitas demasiado altas andan enfrascados en sus móviles. Tan solo yo y otro comensal algo apartado hojeamos un diario de papel (él lee el *Tagesspiegel*, mucho más respetable que el *Bild*). Tiene aspecto de oficinista y rondará los cincuenta años. Supongo que, en Berlín y en casi todo el mundo, es esta la edad media de los muy pocos que aún almuerzan en compañía de un diario impreso. Y supongo también que el futuro de la prensa tradicional no es muy halagüeño.

Sí lo era hace noventa y dos años. En 1926, una legión de periódicos luchaba para aplacar la sed de los lectores berlineses. Y no pocos sacaban dos o incluso tres tiradas diarias. Había cuatro grupos mediáticos que se repartían mayoritariamente el mercado: los liberales Ullstein y Mosse, que editaban respectivamente el *Vossische Zeitung* y el *Berliner Tageblatt;* el Scherl-Verlag del conservador y nacionalista Hugenberg, responsable del *Berliner Lokal-Anzeiger;* y el grupo izquierdista Münzenberg, con su hoja bandera *Welt am Abend*. Pero también había hueco para muchas publicaciones independientes que contaban con fieles lectores, como el *Berliner Börsen-Courier*, el *Neue Berliner Zeitung* o los semanarios *Das Tage-Buch* o *Die Weltbühne*. Y cada partido político tenía además su órgano de propaganda: *Vorwärts*, de los socialdemócratas, el comunista *Die Rote Fahne* o el *Völkischer Beobachter* del Partido Nacionalsocialista. El panorama de la prensa en esa época dorada era reflejo de la compleja situación política y social de la República de Weimar: un auténtico laberinto periodístico.

Excepto el *Völkischer Beobachter*, el resto de periódicos estaba a disposición de los clientes del Romanisches Café. Al fondo de la sección de no nadadores, cerca de la cabina telefónica, había un revistero lleno de diarios encajados en sus cepos. Y no solo alemanes; también se podía encontrar el *Wiener Journal*, el *Prager Tagblatt*, los venerables *The Times*, *Le Figaro* y *The New York Times*, e incluso algunos diarios en lengua española como *La Vanguardia*, *El Sol* o el argentino *La Plata*.

Los diarios más reclamados en el café eran el *Berliner Tageblatt* y el *Vossische Zeitung*. En una de las mesas que daban a la calle se solían sentar sus dos editores, Theodor Wolff y Georg Bernhard. Una foto de 1926 los muestra conversando allí: Wolff, el director del *Berliner Tageblatt*, de pelo largo y ondulado, luce un soberbio bigote tipo inglés con las puntas hacia los lados; Bernhard, su homólogo del *Vossische Zeitung*, con el cabello ya entrecano, trata de reprimir una sonrisa en sus labios rectos y finos, casi de mujer. Llaman la atención las gafas: el binóculo de armazón de Wolff y las lentes de montura de carey de Bernhard. Y la expresión de ambos tras ellas, una mezcla de aplomo, mesura e inteligencia.

En el Romanisches Café era muy frecuente ver a gente de la prensa: comentaristas políticos, críticos de arte y de teatro, redactores culturales, cronistas deportivos y de sociedad, corresponsales extranjeros… En las páginas de sus diarios se enfrentaban unos con otros, pero aquí se mezclaban, se sentaban juntos ante un café o una cerveza, se buscaban a lo largo y ancho del local para intercambiar noticias, chivatazos, rumores, pistas falsas, mentiras. Había mesas que parecían trasplantadas de la redacción de un diario: periodistas escribiendo en su máquina portátil, discutiendo un artículo o celebrando improvisadas reuniones.

Uno de los periodistas abonados al Romanisches Café, Paul Marcus, del *Berliner Börsen-Courier*, aseguraba que el motivo principal de la abundante presencia de colegas era que en una pared de la zona de no nadadores se hallaban a su disposición todos los volúmenes de la enciclopedia Brockhaus; él mismo afirmaba haber visto a un corresponsal de Bulgaria escribir sus «crónicas desde Sofía» sentado a una de las mesas de mármol del café con la ayuda del segundo volumen de la Brockhaus.

Sin duda ayudaba el amplio surtido de periódicos. Como fuente de consulta y para acechar a la competencia. Sobre todo en la época de inflación, la posibilidad de leer la prensa gratis ejercía de imán. También para los corresponsales de fuera, que acudían al café atraídos por la presencia de diarios internacionales. Muchos pasaban aquí la tarde, formaban camarillas y se relacionaban con los lugareños. Josep Pla, por ejemplo, conoció —muy probablemente— en el Romanisches Café a la que sería su novia berlinesa, Aly Herscovitz. Nos lo desvela en una nota autobiográfica:

> Era judía, tenía la familia en Leipzig, establecida en el comercio —familia proveniente de Iasi, en las bocas del Danubio, en el mar Negro—. Era muy joven (veintiún años), no muy alta, llena, rubiales, ojos grises, dentadura blanca, poco preocupada por la manera de vestir. Había recibido una enseñanza y una educación muy buenas, dominaba el francés y el inglés, y tenía una conversación agradabilísima. [...] La conocí en el café —probablemente en el Romanisches Café, muy cerca de Kurfürstendamm—. La invité a cenar; aceptó, y al cabo de dos o tres comidas vino a vivir al piso donde yo vivía como

realquilado de la señora Behrens, en una calle cuyo nombre no recuerdo, muy triste, alejada del Berlín de los extranjeros.

Con su amigo Eugeni Xammar, Pla acabó formando una tertulia variopinta en el Romanisches. Se lo comentó a su hermano Pere en una carta fechada el 16 de agosto de 1923:

> *Estic bo i aquí hem format una penya divertida, al Romanisches Kaffee, a Charlottemburg, que és el barri jueu de Berlín. Ve en Xammar, que és formidable, el rus Tassin, antibolxevic furibund, en Vayo, dos o tres bons periodistes italians i tres professors espanyols pensionats, que són una gent que no maten moros però que és lo millor que tenen els espanyols. Xerrem molt i jo tinc una temporada molt bona. M'he imposat instantàniament i m'estimen molt.*

Como todo café digno de tal nombre, el Romanisches tenía un camarero responsable de la prensa. Los clientes lo llamaban Richard el Rojo. Era pelirrojo, casi enano y, al igual que Höxter, jorobado. Se paseaba por el café repartiendo periódicos y anunciando los titulares a medida que se acercaba a las mesas. Parecía haber nacido para dar noticias: fue él quien dio la primicia del asesinato de Walther Rathenau. El sábado 24 de junio de 1922, unos minutos antes de las once de la mañana, bajaba por la Koenigsallee para ir a la parada del tranvía. Oyó unos disparos y una explosión. Vio el coche destrozado y el cadáver aún caliente tendido en la calle. Desde una cabina cercana se apresuró a llamar al *Berliner Tageblatt*.

Richard el Rojo era en realidad un espécimen del Café des Westens. Allí había servido durante décadas. Recaló en el Romanisches cuando cerraron el Café des Westens, pero, al igual que Erich Mühsam, seguía añorando la cueva de los bohemios. Existe una caricatura que le hizo Walter Trier en el Café des Westens. En ella se ve a Richard cargando feliz y sonriente una maraña de diarios empalados. Y existe también un bosquejo literario, ya de la época en que el Café des Westens había echado el cerrojo: el pobre Richard anda triste, perdido, y recorre diferentes locales en busca de empleo. Ya no es el «señor absoluto de la prensa nacional y extranjera», sino tan solo «un alma que deambula por los campos del pasado».

El bosquejo, titulado «Richard sin reino», apareció el 9 de enero de 1923 en el *Neue Berliner Zeitung*. Su autor era un hombre pequeño de rostro sonrosado y ojos vidriosos que luego se haría célebre por sus novelas, pero que por entonces ejercía ante todo de periodista: Joseph Roth. Había aprendido el oficio durante la guerra, cuando estaba destinado en la oficina de prensa militar del ejército austrohúngaro y, de forma anónima, publicaba sus primeros artículos para *Prager Tagblatt* y *Frieden*. Más tarde trabajó en la sección de cultura del diario liberal vienés *Der Neue Tag*. Pero el diario quebró y en Viena había poco trabajo para los periodistas, así que Roth se trasladó a Berlín. Fue a finales de 1922, y él mismo desveló el motivo de su mudanza: «Me fui a Berlín porque allí se podía ganar algo de dinero».

Berlín, el nuevo centro de la prensa del mundo germano, tentaba a los mejores del gremio. Roth era uno de ellos. Muy pronto colaboró en las secciones culturales del *Berliner Börsen-Courier*, del *Neue Berliner Zeitung*, del *Berliner Tageblatt* y del *Vorwärts*. Escribía folletines sobre la vida cotidiana de Berlín, sobre sus andanzas por Charlottenburg y por los barrios del este donde se hacinaban los judíos pobres que llegaban de Galitzia. Y escribía también crónicas de tribunales. Cubrió, por ejemplo, el juicio por el asesinato de Rathenau, que, para su escándalo y el de muchos otros, se saldó con penas leves para los responsables intelectuales. No pocos de los artículos de Roth en esa época reflejaban un fuerte compromiso social y político; de hecho, algunos de ellos los firmaba como «Joseph el Rojo» (aunque quizá fuera otro homenaje a su entrañable Richard).

En 1925 Roth aceptó un empleo de corresponsal del prestigioso *Frankfurter Zeitung*. Primero en París, y luego en varios países europeos: la Unión Soviética, Italia, Albania, Yugoslavia y Polonia. Pero su centro de gravedad seguía siendo Berlín. Lo unía a la ciudad una relación contradictoria; nunca le gustó, pero le acabó dedicando más de mil artículos. En sus visitas a la capital alemana se hospedaba en el Hotel am Zoo, en el número 25 de la Ku'damm. En realidad, Roth nunca tuvo vivienda fija, siempre se alojaba en pensiones y hoteles. Su familia eran los conserjes, los porteros, los recepcionistas y los camareros. En una carta que escribió a su amigo Stefan Zweig, confesaba: «Todo lo que tengo son tres maletas. No me parece raro. Raro, incluso "romántico", me parecería tener una casa, con cuadros y todo eso...».

A la pensión o al hotel iba a dormir; para escribir buscaba los cafés de los alrededores. Necesitaba el alboroto de los clientes. Cuenta el periodista Géza von Cziffra que en una ocasión estaba en un local con Joseph Roth y con el dramaturgo Ödön von Horváth cuando, en medio de la conversación, Roth sacó una hoja y se puso a escribir. Los otros dos callaron respetuosamente hasta que, tras apenas unos segundos, Roth les espetó: «¿No tienen nada que decirse? ¿Ningún tema de conversación? Vamos, caballeros, hablen, por el amor de Dios, que tengo que trabajar». Además de alboroto, Roth necesitaba una buena dosis de alcohol, lo que en ocasiones le creaba problemas en algunos locales, entre ellos el Romanisches Café. El mismo Géza von Cziffra refiere que el camarero

Kalle le había tenido que llamar la atención más de una vez por beber en exceso y tambalearse entre las mesas.

En esas mesas de café Roth escribió sus primeras novelas —*La tela de araña* (1923) y *Hotel Savoy* (1924)—, pero ante todo artículos, reseñas, folletines y reportajes. Y no lo hacía solo por motivos pecuniarios; a pesar de sus declaraciones y de su pose, Roth era un periodista vocacional. Al comienzo aún definía sus textos como «maravillosas y coloridas pompas de jabón», pero poco a poco se volvió más ambicioso, o bien adquirió conciencia de la importancia de su labor. En una carta que envió el 22 de abril de 1926 al también periodista Benno Reifenberg, proclamaba con orgullo: «Yo no soy un suplemento, no soy un postre, soy el *plato principal*. Yo no escribo glosas divertidas; yo trazo el rostro del tiempo».

Pocas semanas antes de esta declaración de principios, Joseph Roth había escrito un artículo titulado «La irrupción de los periodistas en la posteridad». En él trataba de revalorizar el género del periodismo y encumbrarlo a la categoría de arte. Vale la pena transcribir un párrafo extenso:

> La verdadera actualidad no se limita a veinticuatro horas: concierne a la época, no al día. Esta actualidad es una virtud tal que ni siquiera podría perjudicar a un escritor que nunca escribe para los periódicos. No logro entender por qué un acusado sentido para captar la atmósfera del presente haya de ser obstáculo a la hora de alcanzar la inmortalidad. No logro entender por qué el conocimiento de la naturaleza humana, la agudeza, la capacidad de orientación, el don para cautivar y otras flaquezas semejantes que se les atribuyen a los periodistas hayan de estar reñidas con la genialidad. El verdadero genio incluso adolece de estos defectos. El genio no vive de espaldas al mundo, se encamina hacia él. No es ajeno a su

> tiempo, está inmerso en él. Conquista el milenio porque domina su década a la perfección.

Este párrafo introducía lo que en realidad era una reseña conjunta de dos libros que acababan de publicarse, dos tomos recopilatorios de artículos periodísticos escritos por Alfred Polgar y Egon Erwin Kisch. Como Roth, ambos se habían establecido en Berlín; Polgar procedente de Viena, Kisch, de Praga.

Alfred Polgar llegó en 1925 seducido por una oferta del *Berliner Tageblatt*. Sobrepasaba los cincuenta años y traía una excelente reputación como crítico cultural y folletinista (el género *Feuilleton* designa en alemán una pieza breve a caballo entre el periodismo y la literatura, precursora de lo que aquí conocemos como columna literaria). Polgar se había ganado los sobrenombres de Marqués de la Prosa y Maestro de la Miniatura. Con razón. El pelo engominado, el bigote fino y la nariz romana le conferían un porte aristocrático. Y sus folletines eran miniaturas de una prosa suave y elegante, si bien con un trasfondo cáustico y mordaz. Franz Kafka había dicho de él que «dentro del guante satinado de la forma se esconde un contenido de voluntad férrea e imperturbable». Y, poco después de llegar a Berlín, Robert Musil le hizo una entrevista para *Literarische Welt* que lo dejó entre admirado y perplejo: sucumbió primero a la «simpática maldad» de Polgar, pero tuvo luego que admitir que era «más fácil atrapar una trucha con la mano que tratar de mantener una conversación seria con él».

Polgar encarnaba como pocos al literato de café vienés. Era un librepensador y un *bon vivant* con un sano punto de cinismo. De conversación ocurrente e irónica, le gustaba repartir pullas y sorprender con paradojas. En Berlín adoptaba la pose del civilizado austriaco que mira por encima del hombro a los bárbaros prusianos. Cuenta el periodista Hans Sahl que su construcción favorita en las tertulias del Romanisches era «Un pueblo capaz de...». Cuando comenzaba la frase de esta manera, el interlocutor ya sabía que acabaría soltando un aguijonazo del tipo: «Un pueblo capaz de regar un asado de carne con algo que llaman salsa y que no es sino un mejunje pastoso que en Viena estaría prohibido por decreto ley, no merece el más mínimo respeto culinario».

Se conserva una caricatura que le hizo Benedikt Fred Dolbin en el Romanisches Café; los rasgos son difusos, escurridizos, enmarañados. Polgar correspondió con un retrato literario en el que afirmaba: «Un tipo peligroso, el dibujante Dolbin. Su tinta lleva ácido sulfúrico». Pocas líneas antes lo había saludado como «hermano de espíritu».

Egon Erwin Kisch representaba a un tipo de periodista muy distinto. Se había iniciado en la profesión como reportero local de diarios praguenses redactados en alemán; un sabueso que sigue el rastro de sucesos y pequeños delitos. Un día, casi por azar, se topó con una de esas primicias que son el sueño de cualquier joven periodista: el coronel Alfred Redl, jefe del Servicio de Inteligencia Militar del Imperio austrohúngaro, estaba siendo chantajeado por agentes rusos. Habían descubierto que era homosexual y le obligaban a revelar secretos militares. Cuando la traición salió a la luz, el Estado Mayor austriaco forzó a Redl a suicidarse.

El caso del coronel Redl removió los cimientos del Imperio austrohúngaro, y Kisch, el primer periodista en desvelar los pormenores, saltó a la fama de la noche a la mañana. Partió para Berlín con la idea de sacar fruto de ella, y en seguida empezó a colaborar en el *Berliner Tageblatt*. Pero la guerra interrumpió su risueño futuro. Aunque, en realidad, fue él mismo quien decidió interrumpirlo: cambió la pluma por el fusil y se presentó voluntario para luchar en el frente.

Sigue asombrando hoy día cuántos hombres y mujeres se dejaron seducir por los tambores de guerra que resonaban en el verano de 1914. Stefan Zweig, uno de los que no quisieron oírlos, describió en un artículo titulado «Los jardines en tiempos de guerra» el ambiente de embriaguez y éxtasis que se vivía en Viena el 28 de julio de 1914, el día en que empezó todo:

> Solo se conocía la guerra por los libros, parecía imposible que estallara en una época tan civilizada. Y, de pronto, ahí estaba, y como nadie intuía lo cruel y criminal que llegaría a ser, toda esa fantasía desbordada de súbito se apoderó de la ciudad de manera casi infantil, como si fuera una romántica novela de aventuras. Una inmensa muchedumbre salió de sus casas, de sus tiendas, y abarrotó las calles alineándose en entusiastas columnas; de golpe aparecieron banderas, no se sabía de dónde, y empezó a sonar música, a cantarse a coro, se gritaba y vitoreaba sin saber muy bien por qué. Los jóvenes se apelotonaban delante de las oficinas de reclutamiento, no fuera a ser que llegaran demasiado tarde y se perdieran la gran aventura...

En Berlín y en otras ciudades de Alemania y del Imperio austrohúngaro, el ambiente era similar. Uno ve las imágenes de esos días radiantes y soleados y piensa ingenuamente que si hubiera sido en invierno no estarían las calles tan concurridas, con esos festejos multitudinarios e increíblemente animados. Pero no: durante la década anterior, particularmente en Alemania, ya se vivía un clima de creciente belicismo que cuajaría luego en esa entusiasta movilización general. Solo consuela saber que algunos de los jóvenes que se apelotonaban delante de los centros de reclutamiento renegaron de su proceder. Fueron los más sensibles, o los más lúcidos. Hemos visto los ejemplos de Ernst Toller y Otto Dix (George Grosz fue otro belicista converso). Similar es el caso de Egon Erwin Kisch, quien, tras combatir en el frente del Este, ser condecorado y posteriormente herido, regresó convertido en pacifista radical.

Se instaló en Viena y se lanzó al activismo político. Participó en la revuelta que acabó con la monarquía austrohúngara y, como líder de la Federación Socialista Revolucionaria, ocupó la redacción de la *Neue Freie Presse* para forzarles a imprimir un llamamiento a implantar el comunismo en Austria. No tuvo éxito. El nuevo gobierno socialdemócrata lo declaró persona no grata y lo expulsó del país. Kisch se sumó así, en 1920, a la legión de periodistas más o menos exiliados en Berlín.

A diferencia de Polgar, folletinista puro, Kisch era reportero. Los reportajes que escribió en Praga antes de la guerra retrataban la fauna marginal y delincuente de los suburbios. En el Berlín de los años veinte, Kisch adecuó el género para poder transmitir a través de él los cambios abruptos, los contrastes y el ritmo vertiginoso de una metrópoli mutante, ambigua y de incipiente cosmopolitismo, una ciudad que, tras Londres y Nueva York, era ya la tercera más grande del mundo. Desarrolló para ello un estilo sobrio, sin efectismos, y dotó a sus textos de una tensión narrativa que aún hoy atrapa al lector desde la primera línea. Las principales publicaciones berlinesas, periódicos y revistas de todas las tendencias, se peleaban por imprimirlos en sus páginas. Muy pronto, los tomos recopilatorios de sus reportajes se convirtieron en auténticos *bestsellers: El reportero frenético* —que le daría el nombre con el que ha pasado a la historia— fue el libro más vendido de 1926.

En el Romanisches Café, Kisch regentaba la mesa de Egonek, su apelativo cariñoso. También le llamaban el Superparroquiano, porque aquí era una institución. Físicamente, parecía un estibador de puerto: de complexión musculosa, exhibía sin pudor sus numerosos tatuajes. Tenía un carácter dicharachero y campechano, pero también bravucón y jactancioso, lo que le creaba enemigos. Las voces envidiosas decían que no sabía escribir alemán, que sus artículos estaban llenos de «praguerías» y que se los tenía que corregir el camarero Kalle (él se defendía con el argumento de que «los praguenses de lengua alemana son los que mejor hablan alemán, porque las palabrotas las sueltan en checo»). Decían, además, que como periodista era fiel al lema: «No dejes que la verdad te estropee una buena historia».

Se conservan muchas fotografías de Kisch en el Romanisches. La más famosa lo muestra hablando por teléfono en una de las cabinas del café. El rostro está expectante, como si le estuvieran dando una primicia, y en la mano derecha sostiene el auricular y el cigarrillo perenne. Existe también un retrato que le hizo Rudolf Schlichter a la puerta del café; ahí está con sus ojitos achinados, el pelo moreno revuelto y el cigarrillo esta vez entre los labios. Detrás de él hay una columna de anuncios en la que cuelgan titulares de sus reportajes más celebrados, así como el cartel de un partido de fútbol —entre el Tennis Borussia y el Sturm Prag—, su deporte favorito junto con el boxeo.

Rudolf Schlichter, George Grosz y Otto Dix formaban el triunvirato de pintores del Romanisches Café; Joseph Roth,

Alfred Polgar y Egon Erwin Kisch, el de periodistas. En el caso de estos últimos no se podría hablar de verdadera amistad. Había demasiadas rencillas. Roth tenía celos de las proezas bélicas de Kisch, y cuando no estaba presente hablaba mal de los soldados checos y se inventaba un propio pasado militar glorioso (un cautiverio en Rusia del que no se tiene noticia). Se cuenta también que Polgar no podía ocultar cierto mohín de desprecio por la condición de reportero de Kisch, quien, a su vez, en más de una ocasión afirmó que los folletinistas estaban sobrevalorados.

Pero existía respeto y una relación muy fructífera. Abundan las alabanzas mutuas. Kisch y Roth consideraban a Polgar —que era doce y veinte años mayor— como su maestro. Y los tres no cesaban de buscarse. Se conocían de Viena, donde habían coincidido a menudo en el Café Central, y ahora, en el «exilio berlinés», departían a menudo ante un café o un coñac, sentados a una mesa de mármol del Romanisches. Aquí hacían frente común. En el artículo antes citado, Roth escribió: «La prensa debe estar agradecida a Alfred Polgar y a Egon Erwin Kisch en mucha mayor medida que la de los honorarios que les paga». La frase contenía una puntada a los editores de la mesa de al lado. Pero a lo que se refería en primer lugar Roth era que tanto los folletines de Polgar como los reportajes de Kisch eran alta literatura. Y, por ende, los de él mismo, que dominaba ambos géneros. En el fondo, lo que pretendía Roth era revalorizar a todos los periodistas, a esos seres que, como escribió al inicio de su artículo, «pertenecen a lo fugaz y pasajero, y aspiran a ingresar en la eternidad».

DE VOZ AFLAUTADA
1927

Ni siquiera aguardaron a que parase el tren. Se abalanzaron sobre las puertas, entraron a trompicones y recorrieron vagón tras vagón hasta dar con ellos. Estaban desprevenidos, en duermevela, y los atacaron con porras, palos y cuchillos; alguno hasta llevaba pistola. Apenas necesitaron unos pocos minutos para demoler varios compartimentos, dejar diecisiete heridos y retirarse de inmediato en cuanto sonó el silbato del cabecilla que esperaba fuera. Les ordenó montar en las camionetas y seguir a su automóvil. Fueron hasta el centro de Lichterfelde, aparcaron los vehículos, encendieron las antorchas y, formando una larga columna, desfilaron hasta la Wittenbergplatz, al final de la Tauentzienstraße. El cabecilla no cesaba de arengarlos: «Hemos venido a Berlín con intenciones pacíficas. La Liga de Combatientes Rojos ha derramado nuestra sangre. ¡No estamos dispuestos a que nos sigan considerando ciudadanos de segunda clase! ¡Ahora vamos todos a desinfectar la Kurfürstendamm de judíos!». Era un hombre pequeño, moreno y de rostro afilado. Gesticulaba mucho y cojeaba del pie derecho. Su voz era aflautada y alargaba las vocales.

Paul Joseph Goebbels había nacido el 29 de octubre de 1897 en la pequeña ciudad renana de Rheydt, muy cerca de Moenchengladbach. Su infancia estuvo marcada por las penurias económicas de la familia y por una osteomielitis que lo dejó zambo de la pierna derecha; encontraba consuelo componiendo versos y tocando el viejo piano que le había regalado su padre. Estudió en colegios católicos, obtuvo excelentes notas y fue elegido para pronunciar el discurso en la ceremonia de graduación; era la primavera de 1917 y el joven Goebbels habló con entusiasmo sobre los héroes de la Gran Guerra.

Quiso luego emularlos, ingresar en el ejército y luchar en el frente, pero lo declararon no apto. Rechazó entrar en el seminario de teología, como pretendía su madre, y se matriculó en Filología Germánica e Historia en la Universidad de Bonn. Pasó los siguientes años en las aulas de diferentes universidades alemanas —Bonn, Friburgo, Wurzburgo, Múnich— y el 21 de abril de 1922 se doctoró en Heidelberg con una tesis sobre la obra dramática de Wilhelm von Schütz, un autor romántico hoy olvidado. En el prólogo a su tesis escribió:

> Por aquí y por allá se está extendiendo una ilustración banal y liviana, que aspira a culminar en un insustancial ateísmo. Pero contra ella lucha una nueva generación de jóvenes místicos y románticos que buscan un Dios. Todos ellos claman por un líder.

(Una nota: la relación entre el romanticismo y el nazismo es otro tema apasionante; puede consultarse para ello el reciente libro *Romantik* —«Romanticismo»—, de Rüdiger Safranski; para la confluencia de diferentes tradiciones literarias con el nazismo resulta muy estimulante la lectura de *El misterioso caso alemán*, de Rosa Sala Rose.) La regular calificación de la tesis —*rite superato*— le cerró las puertas de la universidad, por lo que volvió a casa de sus padres con la idea de enfilar una carrera de escritor o periodista. Logró publicar una serie de artículos en los que arremetía contra el mundo cultural contemporáneo, contra el *Zeitgeist*. Aunque los artículos obtuvieron, según él, «un gran eco», no le reportaron la ansiada contratación en el diario local donde vieron la luz, el *Westdeutsche Landeszeitung*. Se empeñó luego en crear una compañía teatral que regenerara el teatro en la tradición cristiano-germana, una compañía que se opusiera a la Volksbühne, el teatro socialista y proletario que, bajo la dirección de Erwin Piscator, estaba triunfando en Berlín. Pero tampoco consiguió sacar adelante el proyecto. Subsistía dando clases particulares e incubaba resentimiento.

El 30 de octubre de 1922 se le ofreció la posibilidad de desfogarse. Una asociación cultural de Rheydt, la acogedora ciudad renana orgullosa de su conciudadano con grado de doctor, lo invitó a dar una conferencia sobre literatura alemana contemporánea. El título que eligió Goebbels era modesto: «Fragmentos sobre la literatura alemana contemporánea». Pero el tono no. Ya desde el comienzo:

> ¿Cuál es el estado actual de la literatura alemana? Una corriente literaria tras otra que, cada mes, cada semana, nos trae alguna novedad. Y cada una de las novedades aspira a ser la única verdadera, cuando en realidad no es más que el espasmo de un espíritu exhausto, aniquilado, consumido hasta la última de sus fibras, exprimido hasta la última gota, y cada uno de estos comediantes trata de superar al otro, jovencitos de veinte a veinticinco años toman la palabra y exponen su opinión con petulancia y absoluto convencimiento, y la más

> mínima agitación de su cerebro es registrada, proclamada, comentada por la crítica a bombo y platillo...

El puñado de asistentes, miembros de la burguesía cultivada de provincias, no sabían que estaban siendo testigos de una de las primeras exhibiciones retóricas de quien llegaría a ser un maestro en hipnotizar a las masas; un hombrecillo cojo que peroraba con voz aguda, alargando las vocales —típico del acento de Renania— y en tono cada vez más encendido:

> El espíritu de la posguerra fue un refugio bienvenido para esas existencias paralizadas por el miedo aterrador; aquí podían sacar un buen botín, aprovecharse de la coyuntura, hozar en el bolchevismo. Para gente de esa calaña, la época después de la guerra fue de lo más propicia. Bastaba con exhibir el gran gesto de la compasión, un extasiado acoquinamiento de barata filosofía social, y ya teníamos aquí al poeta salvapatrias. Ustedes conocen de sobra a ese espécimen que ha marcado la historia cultural y política de los últimos cinco años. Esa chusma que piensa que el nuevo arte nace en el café, que es desde allí donde, tras sesudos debates, debería luego llevarse al mundo. Esos jovencitos pasan la mayor parte del día en los cafés de la capital, la mayor parte de la noche en los salones esnob-comunistas en compañía de camarillas de editores. Esos círculos están empujando nuestra literatura al abismo, comercian con ella, la humillan cada vez más. Debería sonrojarse el rostro de cualquier persona que se siente alemana, más aún al percatarse de que esos advenedizos literarios no tienen ni una gota de sangre alemana. Han salido de los más remotos agujeros de Polonia y Galitzia, y han llegado arrastrándose después de la guerra, han inundado la capital del

Imperio para traer esa salvación y esa prosperidad que hoy día vemos reinar entre nosotros.

Goebbels había cumplido veinticinco años justo la víspera de la conferencia. Era un jovencito que no frecuentaba cafés ni salones. Pasaba el día encerrado en la buhardilla de la casa familiar. Sus padres y su novia, Else Janke, le instaban a que buscara un trabajo para poder casarse y fundar una familia. La presión era cada vez más fuerte. Pocos meses después, a principios de 1923, aceptó a regañadientes una pasantía en una filial de Colonia del Dresdner Bank.

Odió su trabajo desde el primer día. Le pagaban un sueldo miserable y le obligaban a tragarse los ideales de su época de estudiante. Sumido en depresiones, pasaba la mayor parte del tiempo de baja. Debido a su actitud y a la crisis económica, en septiembre de ese año le comunicaron el despido. Volvió a casa de sus padres, se encerró en la buhardilla y escribió un drama, *El caminante*, y una novela de tintes autobiográficos, *Michael. Un destino alemán en hojas de diario*. Ni estrenó el primero ni publicó —en aquel entonces— la segunda. Pero no se dio por vencido. Envió sendas solicitudes de trabajo para ofrecerse como redactor a los dos gigantes de la prensa alemana: *Berliner Tageblatt* y *Vossische Zeitung*. El tono de las cartas era una mezcla de ardiente súplica y arrogancia narcisista —ya entonces uno de sus principales rasgos de carácter—. Todos los esfuerzos fueron en vano. Ni Theodor Wolff ni Georg Bernhard, los directores de los diarios, atendieron a su solicitud.

A comienzos de 1924, Goebbels era un escritor frustrado y un periodista frustrado. Y un abierto antisemita. Como muchos alemanes de su generación, consideraba a los judíos responsables de la crisis presente y del negro futuro que auguraban a la República de Weimar. Y para reafirmarse echaba mano de su propia biografía: los periódicos que le habían cerrado las puertas pertenecían a grupos editoriales de capital judío; los teatros a los que había enviado en vano su drama estaban casi todos en manos judías; muchos de los directores de banco —los «templos del materialismo», según sus palabras— eran judíos. En esas fechas descubrió también que su novia, Else Janke, era medio judía: «Me ha confesado su origen. Se ha roto la magia». Rompió de inmediato con ella. Una anotación de su diario reza: «En Alemania nos hace falta una mano dura. Ya está bien de experimentos y frases huecas. Hay que volver a la seriedad y al trabajo. Hay que poner de patitas en la calle a la chusma judía».

En agosto de 1924, su amigo Fritz Prang, antiguo compañero de colegio, lo llevó a una concentración que el Movimiento Nacionalsocialista de la Gran Nación Alemana celebraba en Weimar. El Movimiento Nacionalsocialista de la Gran Nación Alemana era el nuevo nombre del NSDAP, el Partido Nacionalsocialista Obrero Alemán fundado por Hitler en 1921 y prohibido después del intento de golpe de estado en la cervecería de Múnich. Como escribirá Goebbels en su diario, ese día en Weimar fue una «revelación». No dice más, pero a la vuelta de la concentración funda una agrupación local del Movimiento e inicia una actividad frenética para la causa nazi.

En diciembre de 1924, Hitler sale prematuramente de prisión por buena conducta y, poco después, refunda su NSDAP. Goebbels prosigue su incansable actividad bajo las nuevas siglas: hasta octubre de 1925 interviene en 189 mítines. Con una energía y una elocuencia que llaman la atención de su jefe.

No sabemos qué opinaba Hitler de Goebbels al comienzo de su relación. Hitler no llevaba diario. En 1983, el semanario *Stern* anunció a los cuatro vientos la sensacional publicación de los diarios de Hitler. Pero resultaron ser falsos: sesenta cuadernillos escritos por un tal Konrad Kujau, la mayor patraña editorial del siglo. De modo que no sabemos si Hitler admiraba a Goebbels o si simplemente le pareció alguien útil para revitalizar el movimiento. Pero sí tenemos los diarios de Goebbels. Los empezó a escribir el 17 de octubre de 1923 y la última anotación data del 9 de abril de 1945, pocas semanas antes de suicidarse, con su mujer y sus seis hijos, en el búnker del Führer. Y por el diario sabemos que lo que sintió Goebbels al conocer a Hitler fue algo más que admiración.

Tras el primer encuentro entre ambos, el 6 de noviembre de 1925, Goebbels confía a su cuaderno: «Este hombre lo tiene todo para ser rey. Ha nacido para ser el tribuno del pueblo. El futuro dictador». El segundo encuentro tiene lugar el 23 de noviembre de 1925:

> Ahí está Hitler. ¡Cuánto me alegro! Me saluda como a un viejo amigo. Se ocupa de mí. ¡Cómo lo amo! ¡Menudo tipo! Y habla toda la noche. No me canso de escucharle. ¡Qué pequeño soy a su lado! Me ha regalado una foto suya. Quiero que sea mi amigo. Su foto reposa en mi escritorio.

Y el tercero, el 13 de abril de 1926:

> Múnich. Ocho de la tarde. Vamos en coche a la cervecería Bürgerbräu. Hitler ya está allí. Mi corazón está a punto de estallar. Entramos en la sala. Un saludo apoteósico. Estamos juntos él y yo. Es mi turno. Hablo durante dos horas y media.

> Doy todo de mí. La gente está enardecida. Al final, Hitler me abraza. Se me saltan las lágrimas. Soy feliz.

En otoño de ese año, Hitler nombró a Goebbels *Gauleiter* de Berlín-Brandeburgo. Retomando una vieja demarcación territorial de la Edad Media, el NSDAP había dividido Alemania en treinta y tres *Gaue*. Recién cumplidos los veintinueve años, Goebbels era algo así como el «caudillo de la comarca de Berlín-Brandeburgo». El nombramiento suponía la coronación de una carrera meteórica; en menos de dos años, Goebbels se hacía con uno de los cargos más importantes del partido. Si bien, cuando tomó posesión de él, el 26 de noviembre de 1926, en la anotación de su diario se refirió a su nuevo destino como la «ciénaga del pecado». Secar la ciénaga era lo que tenía en mente esa tarde de noviembre al bajarse del tren en la Bahnhof Zoo, la estación a la que llegaban los trenes del oeste, los de París y los de la rica y populosa Renania.

Nos podemos imaginar la escena: un hombrecillo de 1,65 metros de altura, 50 kilos de peso y una leve cojera arrastra la maleta por el andén. Sale de la estación, toma un taxi y le indica al conductor las señas de una pensión en las inmediaciones de la Potsdamer Straße. El taxi enfila la Joachimsthaler Straße en dirección sur. El tráfico es intenso, como siempre a esas horas, y a duras penas logran avanzar. Giran por la Hardenbergstraße y de frente les viene la muchedumbre que sale del Gloria Palast, los espectadores de la función de la tarde; entre ellos, mujeres con falda corta peinadas a lo *bubi* del brazo de urbanitas vestidos a la moda, discutiendo animadamente sobre *El maquinista de la General* —la película de Buster

Keaton se estrenaba por esas fechas en Alemania—. Unos metros más y el taxi ya está en la Auguste-Viktoria-Platz, la plaza donde desemboca la Ku'damm. La avenida rebosa de gente que pasea bajo las luces de neón importadas de América, bajo los carteles que anuncian los restaurantes, los cafés y los salones «esnob-comunistas». Cuando el guardia urbano les cede el paso, rodean primero la Iglesia Memorial por el ala norte y toman luego la Budapester Straße. Goebbels ordena entonces al taxista que detenga el coche en segunda fila, delante del café que queda a su derecha. Desde allí puede ver la terraza vacía y el ambiente animado que reina tras los altos ventanales. Y en la mesa más próxima a uno de ellos, distingue a esos dos editores de mirada grave que ni siquiera han leído su solicitud... Sería una bonita escena para una docuficción.

Lo que sí es seguro es que a la mañana siguiente Goebbels estaba en su oficina del número 109 de la Potsdamer Straße. La sede del NSDAP era un local cochambroso —la llamaban «la cueva del opio»— y apenas contaba con un par de colaboradores. En todo Berlín, Goebbels disponía de unos doscientos partidarios. Había mucho por hacer, pero él llegaba lleno de brío y absolutamente convencido de su misión. Y contaba además con dos buenas aptitudes para llevarla a cabo: capacidad oratoria y talento organizativo.

El primer objetivo de Goebbels era ganar adeptos y reactivar la *Sturmabteilung*, la *sección de asalto* del partido. No era fácil, ya que las SA convivían con alrededor de cincuenta grupos paramilitares, la mayoría de ellos con una ideología similar. Pero lo que podría verse como una dura competencia era para Goebbels un enorme caladero en el que pescar. Se trataba de convencer a los miles de fascistas violentos de que las SA eran la mejor opción para conquistar la «Babilonia Roja».

Goebbels empezó a aplicar lo que luego, refinada y potenciada, se conocería como «maquinaria propagandística»: ordenó repartir panfletos y octavillas, pegar miles de carteles, lideró aparatosos mítines en plena calle y organizó desfiles de camisas pardas que entonaban cánticos marciales y hacían ondear enormes banderas con la cruz gamada. Su intención era mostrar presencia, llamar la atención y adueñarse poco a poco de la calle. Ya en junio de 1926 había declarado: «El poder comienza en la calle. Quien conquista la calle puede acabar conquistando el Estado».

Las acciones de las SA se hicieron cada vez más intimidatorias, y pronto se produjeron los primeros choques violentos. No fueron tanto con las fuerzas del orden, una policía ineficaz, lenta y que contaba además con muchos simpatizantes de la extrema derecha, sino con la *Roter Frontkämpferbund*, la Liga de Combatientes Rojos de Primera Línea. El *Rotfront* —en forma abreviada— era la milicia del Partido Comunista de Alemania. En vista de la superioridad numérica y organizativa de los *Freikorps*, en julio de 1924 la dirección del partido había decidido crear su propia sección militar. Reclutaron sus miembros entre «trabajadores con conciencia social», a los que dieron instrucción militar y aleccionamiento político sobre marxismo-leninismo. También ellos pretendían adueñarse de las calles. Enarbolaban enseñas rojas y desfilaban acompañados de bandas de chirimías —una especie de clarinete de madera—, un sonido que empezó a hacerse habitual en los barrios obreros de toda Alemania. Salían en columnas y con el puño en alto, señal de que estaban siempre listos para la lucha.

A comienzos de 1927, el *Rotfront* contaba con 1 600 agrupaciones locales y 110 000 combatientes. Su principal contrincante eran las SA, y Berlín el primer escenario de sus disputas.

Aunque en pocos meses Goebbels había logrado ganar muchos adeptos —la mayoría provenientes de los *Freikorps*—, aún no podía competir en número con el *Rotfront*. Pero no se arredraba. Su táctica era organizar sabotajes y ataques por sorpresa. En febrero de 1927 incluso se atrevió a convocar un mitin en el barrio de Wedding, uno de los feudos comunistas (los otros eran Friedrichshain, Neukölln y Kreuzberg). Tuvo la osadía de anunciarlo con enormes carteles rojos y de marchar al grito de «Al *Rotfront* lo vamos a hacer puré». El mitin acabó en batalla campal.

Poco después, el domingo 20 de marzo de 1927, se produjo la escaramuza que hemos descrito al inicio de este capítulo. Goebbels había tenido noticia de que en el tren que venía de Jüterbog, una pequeña localidad de Brandeburgo, viajaba una banda musical del *Rotfront* que había participado en un homenaje a los caídos en la revolución de 1848. Medio dormidos y armados con chirimías, fueron presa fácil de los nazis. Como de costumbre, el *Berliner Tageblatt* ofrecía la información más detallada del ataque y de la posterior razia en la Ku'damm. Es muy probable que Goebbels, devorador de prensa, la leyera en su nueva sede de la Lützowstraße 44, donde ahora disponía de cuatro espaciosas habitaciones. Leería la lista de los que acabaron en los hospitales Charité y Vincenz-Krankenhaus. Era una lista escueta e igualitaria que no distinguía entre músicos bolcheviques y pacíficos viandantes:

> Willi Hinkelmaun, lesiones en la cabeza
> Paul Jahn, lesiones graves en la cabeza
> Max Lehmann, lesiones en la cara y en la cabeza
> Theodor Pohle, fractura de mandíbula

Franz Ahl, lesiones en la cabeza
Waldemar Geher, herida de bala en el vientre
Gerhard Flieger, herida de bala en el pie derecho (sin orificio de salida)
Fritz Fritzke, heridas de corte
Kurt Mohr, lesiones graves en la cabeza
Hermann Glücks, lesiones en la cabeza
Ernst Harnitzki, heridas de corte
Gustav Garon, lesiones en la cabeza
Artur Geißler, lesiones en la cabeza
Karl Wehmuth, heridas de corte
Emil Zobel, lesiones en la cabeza
Werner Reichert, lesiones graves en la cabeza
Wilhelm Wisse, heridas de corte

Al *Berliner Tageblatt*, órgano de la burguesía liberal, le alarmaron sobre todo los acontecimientos ocurridos en el barrio de Charlottenburg. Una vez en la Kurfürstendamm, informaba el diario, la horda parda se dirigió a dos hombres y a una mujer al grito de «¡Fuera de Alemania la chusma extranjera!». Luego los golpearon, por lo que tuvieron que ser atendidos en la unidad de emergencia de la Bahnhof Zoo. Un testigo afirmó que todo se podría haber evitado si la policía hubiera actuado con mayor celeridad. El mismo testigo añadía que nadie se atrevió a prestar ayuda a las víctimas porque los atacantes iban armados con porras y nudillos de acero. La crónica culminaba con el comentario de que lo que había sucedido en Charlottenburg era un auténtico «pogromo».

El día anterior, el propio Goebbels había escrito en su diario: «Dimos una buena tunda a una serie de hebreos maleducados incapaces de cerrar su sucio hocico». Y escribió también que «por primera vez ha resonado el empedrado de Berlín bajo el desfile de los batallones de las SA». Goebbels estaba pletórico. Su acción había empezado con un escarmiento a los comunistas en la estación de Lichterfelde, un barrio a las afueras de Berlín. Pero cuando ordenó a sus hombres invadir la Kurfürstendamm, lo que pretendía era dar un aviso, en nombre del NSDAP, al centro burgués de la capital, al barrio de Berlín-Oeste donde se había establecido la intelectualidad cosmopolita, progresista y, en gran medida, judía. Recuerden la frase que he incluido en el prólogo. Está sacada de un folleto propagandístico que publicó Goebbels unos años después bajo el título de *Das erwachende Berlin* («El despertar de Berlín»):

> Los judíos bolcheviques están sentados en el Romanisches Café y urden ahí sus siniestros planes revolucionarios; y por la noche invaden los locales de esparcimiento de la Kurfürstendamm, se dejan incitar al baile por orquestas de negros y se ríen de las miserias de la época.

Fue el primer golpe de efecto de Goebbels en un escenario tan simbólico. Luego vendrían más, de más calado y mayor repercusión. Pero, por esa vez, la vida en Charlottenburg, ese barrio mundano y alegre anexionado a Berlín en 1920, retomó pronto su rutina y volvió a atraer a numerosos visitantes. Los berlineses estaban acostumbrados a este tipo de altercados. Además, debido a que la prosperidad económica se había afianzado, la mayoría tenía empleo o estudiaba, y muchos de ellos eran jóvenes (un tercio no había cumplido los veinte años). Madrugaban, iban a sus trabajos, a la universidad, a las escuelas de formación, y salían luego a divertirse. La Ku'damm seguía siendo su destino predilecto, porque tenía la mejor oferta: bares, restaurantes, cafés, clubs de baile, de jazz, cabarets, cines, teatros, burdeles, locales para travestis y homosexuales… Había diversión para todos los gustos y monederos. Y los berlineses querían seguir bailando sobre el volcán.

La crónica del *Berliner Tageblatt* no citaba el nombre de los locales de la Ku'damm atacados por los nazis. Pero según consta en el Archivo Federal de Berlín —cito aquí al historiador británico David Irving—, uno de los grupos nazis «entró en el Romanisches Café y maltrató a los judíos». Por su parte, el historiador local berlinés Karl-Heinz Metzger, sin nombrar la fuente, afirma que «los nazis destrozaron el mobiliario del Romanisches Café e increparon y agredieron a los espantados clientes».

He rastreado la bibliografía en busca de más datos sobre daños concretos o incluso sobre la identidad de los posibles heridos, pero no he hallado nada más. Así que deduzco que las consecuencias no fueron demasiado graves. Imagino que, al igual que en el resto de los comercios y locales de la Ku'damm, apenas unos días después del ataque, arreglados los desperfectos, también en el Romanisches se impondría la normalidad.

Nietz volvería a regular el tráfico —unos pocos a la izquierda, el resto a la derecha— y Richard el Rojo a enganchar los periódicos a las tablillas de madera. Regresarían los parroquianos, que, tras comentar el suceso, retomarían sus asuntos. Y hacia media tarde, en la sección de nadadores volvería a reinar una actividad febril. Como había pronosticado Walter Benjamin, el café tendría a esa hora algo de feria de muestras, de bolsa laboral en la que un enjambre de personas intercambiaba información, establecía contactos, negociaba contratos, aceptaba encargos, ofrecía productos, medraba, chismorreaba, maldecía a un competidor... La mayoría se quedaría poco tiempo, cambiaría a menudo de mesa y bebería con premura dos o tres tazas de café. Porque el café ya no era la bebida que acompañaba una sobremesa reposada, sino un estimulante que mantenía la cabeza ágil y despierta. El café se había convertido en la droga —blanda— del nuevo activismo, de la modernidad.

LA ACTRIZ Y EL VAGABUNDO
1928

En enero de 1928, el Theater am Ku'damm presentaba a su público la obra *Bei uns um die Gedächtniskirche rum* —algo así como *En nuestro barrio, en torno a la Iglesia Memorial*—. Era una revista musical capaz de mantener la sala, durante más de tres horas, a una temperatura que difícilmente alcanzaban las renqueantes estufas de los húmedos y mal aislados pisos berlineses. El número que le daba título estaba interpretado por un camarero que, con voz de falso barítono, decía saberlo todo acerca de los clientes de su local. El camarero era un trasunto de Kalle y el local, claro, el Romanisches Café. Que la escena principal de la revista transcurriera allí tenía fácil explicación: el compositor, Friedrich Holländer, lo visitaba casi a diario.

Friedrich Holländer provenía de una estirpe de músicos. Su madre era cantante, su padre compositor de operetas y su tío director del reputado conservatorio Stern. Friedrich aporreaba ya de niño el piano de cola del salón familiar, y de joven se ganaba unas monedas acompañando películas mudas, la mayoría de las cuales no había visto antes, por lo que estaba obligado a improvisar. Ahí se dio cuenta de su talento para conectar con el público. Empezó a crear sus propias melodías y a escribir también sus propias letras.

En 1915 fue llamado a filas, pero, al contrario que Kisch, y gracias a las buenas relaciones de su padre, pudo cambiar el fusil por la batuta. Pasó la guerra como director de la banda de música que escoltaba a la compañía teatral castrense. Lo que vio en el frente le impresionó. A partir de entonces, decidió combinar en su música el entretenimiento y el compromiso. Colaboró en los cabarets político-literarios que surgieron en la posguerra (los míticos Schall und Rauch y Größenwahn) y, cuando poco después empezó a componer sus exitosas revistas musicales, no se olvidó nunca de deslizar en ellas algún elemento de crítica política y social. En la pretendidamente frívola *Bei uns um die Gedächtniskirche rum* —así fue saludada mayoritariamente por los comentaristas—, Holländer incluyó dos números que satirizaban el ejército prusiano y la justicia nostálgica de la época imperial.

Holländer solía acudir al Romanisches Café en compañía de su mujer, la actriz y cantante Blandine Ebinger. La había conocido en el cabaret Schall und Rauch, y para ella había compuesto el ciclo *Lieder eines traurigen Mädchens* («Canciones de una chica triste»). Llegaban por la tarde y se sentaban a una mesa que reunía a gente del cabaret y del teatro. La voz cantante la llevaba Walter Mehring, dadaísta en su juventud, compositor de corrosivos versos satíricos y una de las almas del cabaret político de Berlín (su primer poemario se titulaba precisamente así: *Cabaret político*). Habituales eran también la ya presentada Valeska Gert, el periodista y crítico Georg Zivier, que acabaría escribiendo una historia del cabaret, así como la actriz Carola Neher y su marido Klabund, autodenominado poeta vagabundo. A medida que avanzaba la tarde, la mesa se solía transformar en una base de operaciones donde se planeaba, se discutía y a veces —para escándalo de los pintores catedráticos— hasta se representaban escenas.

No era esta la única mesa del café en la que se hablaba en voz alta de teatro y cabaret. A prudente distancia, en la zona de no nadadores, se sentaba Bertolt Brecht rodeado de su camarilla. Brecht era ya uno de los *enfants terribles* de la escena cultural berlinesa. Y, como tantos otros integrantes de ella, venía de fuera. Había nacido en Augsburgo, la cuna de los banqueros Fugger, una tranquila ciudad de provincias plagada de edificios barrocos e iglesias con cúpulas de cebolla.

Deslizo aquí un breve excurso que puede interesar al lector. Augsburgo está en Suabia, una región del sur de Alemania enclavada entre los estados federales de Baviera y Baden Württemberg. Brecht no tuvo problemas en su época, pero hoy día no es fácil ser suabo en Berlín. En el barrio de Prenzlauer Berg, por ejemplo, puede uno toparse con pintadas de protesta contra los suabos. Algunas son agresivas: «Matad a los suabos». Otras, perversas y de mal gusto: «No compréis donde los suabos». Hace poco vi en la Helmholtzplatz, una de las plazas del barrio, ya casi en Pankow, un cartel que decía: «Suabos en el Prenzlauer Berg: pequeñoburguesitos, obsesivos celadores del vecindario, sin ninguna sensibilidad para la cultura berlinesa. ¿Qué queréis aquí?». Y durante otro paseo, por los alrededores de la Prenzlauer Allee, me llamaron la atención unas siglas que emborronaban varias paredes a modo de grafiti: *TSH*. Un vecino me aleccionó que significaban *Totaler Schwaben Hass*, esto es, *Odio total al suabo*.

La cuestión no es nueva. De hecho, alcanzó su punto álgido en 2013, cuando Wolfgang Thierse, por entonces presidente del Parlamento alemán, declaró a un periódico berlinés:

> Los suabos tienen que aprender a decir *Schrippe* [voz berlinesa para «panecillo»; en suabo es *Weckle* o *Semmel*], y entender de una vez que Berlín no es una ciudad de provincias en la que puedes imponer al vecindario turnos semanales para barrer la escalera.

Se armó una buena. Thierse recibió más de tres mil mensajes de protesta, pidió perdón y declaró con la boquita pequeña una de esas cosas que declaran los políticos cuando se ven forzados a retractarse: «Los suabos son bienvenidos».

Los motivos de la aversión son varios. El primero es económico. Pero no, como suele ser lo habitual, por miedo a que el inmigrante grave los costes sociales de una ciudad en quiebra permanente: a los suabos, inmigrantes de alto poder adquisitivo, se les acusa de haber provocado eso que se llama «gentrificación», con la consiguiente subida de los alquileres en el barrio. El segundo motivo tiene que ver con el tópico de ser los suabos tacaños, amantes del orden y de la limpieza, y muy dados a imponer horarios y reglas para todo, algo que no casa bien con el ambiente alternativo y ácrata del Prenzlauer Berg. Una tercera causa de repudio —en este caso más bien de mofa— es que los suabos hablan un dialecto que se hace raro a oídos berlineses, que resulta incluso difícil de entender en ocasiones. Y, por último, que son muchos. Tras la caída del Muro, en 1989, se produjo un verdadero éxodo de suabos que buscaban trabajo en la capital de moda. Siguieron más, y hoy día, después de los turcos, los suabos son la comunidad de «extranjeros» más numerosa de Berlín. Y en el Prenzlauer Berg se diría que son ellos los cabezas de turco.

Parece que ahora la situación se ha calmado un poco, aunque aún persiste el *Schwabenhass*. Tal vez el problema podría desaparecer si los suabos se empaparan algo de la anarquía de los prenzlauenses, y estos recordaran que fue un suabo, Bertolt Brecht, uno de los artistas que mejor supieron captar y perpetuar «la cultura de Berlín». Porque, como dijo Heiner Müller, otro dramaturgo emigrado a Berlín: «La creatividad surge en la provincia, nunca en la metrópoli».

Antes de instalarse en Berlín, Brecht había vivido unos años en Múnich, el destino natural de los jóvenes de familias acomodadas augsburguesas que ingresaban en la universidad. Pero ya en esta época de estudiante se sentía atraído por la capital; de hecho, la primera obra que Brecht estrenó en Múnich, *Tambores en la noche* (1922), trata del Levantamiento Espartaquista en el Berlín de la posguerra. Y la segunda, *En la jungla de las ciudades* (1923), una turbulenta historia de amor y odio entre un empresario y su empleado, transcurre en Chicago, una ciudad que Brecht no conocía, pero que ciertamente evocaba mucho más a Berlín que a Múnich (no era raro entonces referirse a Berlín como la «Chicago del Spree»).

De modo que, siempre que podía, Brecht se escapaba a la capital. Y alargaba cada vez más sus estancias. Sufría penurias, pero aprendió a sobrevivir y a disfrutar de la estética: «Todo está repleto de un mal gusto espantoso, pero ¡en un formato tan impresionante!».

Brecht vagaba por la ciudad con la guitarra al hombro, tocaba baladas en tugurios y en matinés, saltaba de pensión en pensión —la mayoría de las veces en compañía de una nueva amante— y trataba con personas que describía así: «Se empujan unos a otros, se maldicen, se envidian, se desprecian». A algunas de ellas las encontró en el Romanisches Café, donde pasaba las sobremesas. Era todavía la época en la que Fiering, el propietario, permitía a los clientes pasar horas y horas delante de un café, de un vaso de agua incluso, escribiendo o leyendo la prensa de gorra.

En el Romanisches Café, Brecht se solía sentar con dos amigos íntimos. Uno de ellos, Herbert Ihering, influyente crítico del *Berliner Börsen-Courier,* era uno de sus principales valedores. Cuando en 1922 se estrenó *Tambores en la noche,* Ihering escribió que con esa obra Brecht había cambiado «la faz de Alemania de la noche a la mañana». El otro contertulio era Arnolt Bronnen, un escritor excéntrico de quien no nos quedará más remedio que hablar más adelante. Era el inseparable amigo de Brecht, y suya es una de las estampas que nos lo describe en esos días:

> Seco, áspero, con un rostro afilado y mortecino; ojitos penetrantes; pelo oscuro, denso y muy corto, con dos pequeños remolinos de los que asoman unos mechoncitos protestones; anteojos baratos de metal que cuelgan vacilantes de las orejas, llamativamente finas, y bajan hasta la punta de una nariz alargada; la boca, extrañamente delicada, parece soñar lo que normalmente sueñan los ojos.

En septiembre de 1924, Max Reinhardt, el dramaturgo y director teatral con más renombre de Berlín, ofreció a Brecht el puesto de asesor artístico del Deutsches Theater. El Deutsches Theater había sido el bastión del clasicismo alemán hasta que, en 1905, Reinhardt lo convirtió en una plataforma para la renovación teatral; aquí empezó a aplicar en escena técnicas nuevas, como el uso de decorados tridimensionales, tarimas giratorias y efectos especiales. Para Brecht, que estaba por entonces madurando su concepto de teatro épico, era un trabajo hecho a medida: posibilidad de aprender de Reinhardt, tiempo libre para dedicarlo a sus propias obras y un aceptable sueldo fijo. Así que decidió trasladarse definitivamente a la capital.

A pesar de su nuevo y confortable estatus, Brecht seguía vistiendo como un proletario, con su ya inconfundible chupa de cuero y sus camisas de trabajador. De esta guisa se presentaba en el Romanisches después del almuerzo —las malas lenguas decían que encargaba las camisas a un sastre—. Según aumentaba su popularidad, a la mesa de Brecht acudían cada vez más conocidos y aduladores. En ocasiones, a una hora tranquila, Brecht se citaba aquí con sus colaboradoras.

Una de ellas era Elisabeth Hauptmann. También había llegado a Berlín huyendo de la provincia. Primero de Peckelsheim, una aldea de Westfalia donde su padre ejercía de médico rural, y luego de Linde, un pueblecito de Pomerania donde había encontrado trabajo como maestra de primaria. Pomerania, en el noreste del país, en la frontera con Polonia, era una región dominada por una aristocracia latifundista y una clase media conservadora y nacionalista; el resto de la población la componían jornaleros que malvivían en pésimas condiciones. Hauptmann no se encontraba a gusto allí, por lo que decidió irse a Berlín.

Pronto encontró trabajo, primero de secretaria y luego como traductora de inglés, idioma que había aprendido de su madre, nacida y criada en Brooklyn. La estancia en Pomerania había acentuado su conciencia social y política, así que, en la capital, Hauptmann empezó a frecuentar círculos marxistas. En una «fiesta roja» la abordó un tipo que ocultaba su delgadez tras una holgada cazadora de cuero. Años después, Hauptmann revelaría detalles del flechazo: «Me dijo que lo que más le había gustado de mí era que sabía escuchar; lo que él no sabía era que yo tenía un resfriado tan fuerte que apenas podía articular palabra…».

Hauptmann y Brecht se hicieron amantes, aunque muy pronto tuvo ella que aprender a convivir con la poligamia de su compañero. Brecht estaba casado con la cantante Marianne Zoff y mantenía además una relación con la actriz Helene Weigel. Sin contar con otras relaciones esporádicas (la promiscuidad era relativamente común y aceptada en la escena cultural berlinesa, tanto para hombres como para mujeres).

Por mediación de Brecht, Hauptmann entró a trabajar como asistente en la editorial Kiepenheuer. Su tarea era ocuparse de la edición de *Hauspostille*, un volumen que reunía poemas del propio Brecht. Hauptmann no solo transcribió, corrigió y pulió el texto para la imprenta, sino que sugirió cambios y proporcionó ideas para nuevos poemas. Se inició así una colaboración muy fructífera: Brecht sacaba provecho de la sensibilidad literaria de Hauptmann, de su conocimiento de idiomas y de autores extranjeros; a ella, que tenía talento pero poca confianza en sí misma, le vinieron muy bien los consejos y los contactos de Brecht cuando se decidió a publicar sus primeros relatos.

Un día de comienzos de 1928, a primera hora de la tarde, cuando estaba solo en su mesa del Romanisches, sorbiendo café y fumando un puro, Bertolt Brecht recibió la visita de Elisabeth Hauptmann. Acababa de llegar de Londres y le contó que había asistido al reestreno de una vieja obra de teatro del siglo XVIII: *The Beggar's Opera*, de John Gay. La pieza le había gustado mucho y le propuso a Brecht verterla al alemán y hacer una versión moderna. Ella misma se encargaría de la traducción.

Testigo del encuentro fue el periodista húngaro Géza von Cziffra. Quien luego sería un conocido director de cine es la persona que más testimonios nos ha dejado del Romanisches Café. Ya lo conocemos de hace unas páginas: algunas de las anécdotas que he incluido en el capítulo sobre Joseph Roth, Alfred Polgar y Egon Erwin Kisch provienen de su libro *Der heilige Trinker. Erinnerungen an Joseph Roth* («El santo bebedor. Recuerdos de Joseph Roth»). Y esta escena entre Brecht y Hauptmann está sacada de *Der Kuh im Kaffeehaus* («Kuh en el café»), un libro de memorias del Berlín de los años veinte. Si damos crédito a lo que nos cuenta Von Cziffra, podemos afirmar que en una de las mesas del Romanisches Café se dio el pistoletazo de salida para el que sería, tras la revista de Holländer, el segundo éxito de la temporada teatral berlinesa en ese año de 1928. Y, a día de hoy, la obra de teatro más celebrada del siglo XX.

Brecht no pareció al principio muy convencido de lo que le proponía Hauptmann. Colaboraba por entonces con Kurt Weill en un libreto para una ópera que habría de transcurrir en la ficticia ciudad norteamericana de Mahagonny —la «moderna historia de Sodoma y Gomorra», en palabras de Weill—. Cierto que la adaptación de *The Beggar's Opera* encajaría bien en su programa estético para modernizar las formas tradicionales de la ópera. Pero, entre el trabajo con Weill y su labor en el Deutsches Theater, no disponía de mucho tiempo. Así que, por el momento, el proyecto con Elisabeth Hauptmann quedaba aparcado.

Pocas semanas más tarde, una noche que cenaba en el restaurante Schlichter, Brecht fue abordado por un joven que daba muestras de excitación. Se presentó como Ernst Josef Aufricht, actor de profesión, y le contó que su padre acababa de donarle cien mil marcos, que con ellos había alquilado el Theater am Schiffbauerdamm y que pretendía estrenarse ahí como director. Le contó también que le aburrían los clásicos y que estaba buscando un autor que le ofreciera algo moderno y audaz (no le contó que lo había intentado ya, sin éxito, con Georg Kaiser, Ernst Toller y Carl Zuckmayer). Brecht meditó unos instantes y le propuso adaptar la vieja ópera de John Gay con música de Kurt Weill. A Aufricht no le convenció mucho la oferta, sobre todo por la colaboración de Kurt Weill, discípulo de Arnold Schönberg, considerado por muchos un compositor difícil, un «sospechoso dodecafónico». Pero el tiempo apremiaba: Aufricht había programado el estreno para el 31 de agosto de ese mismo año. Era el día de su cumpleaños y quería dar una sorpresa a sus padres.

Brecht y Hauptmann mojaron inmediatamente la pluma. Entre marzo y abril bosquejaron una primera versión del texto. Luego Brecht se fue unas semanas con Kurt Weill a la Costa Azul para componer la música y adaptarla a la letra. A finales de mayo se les unieron Elisabeth Hauptmann y la actriz Lotte Lenya, la mujer de Kurt Weill. Entre todos prepararon en pocas semanas la versión final.

Antes de viajar a la Costa Azul, Brecht había acordado con la editorial Felix Bloch Erben la participación en los beneficios: 62,5 por ciento para él, 25 por ciento para Weill y 12,5 por ciento para Hauptmann. Sería interesante conocer el baremo que aplicó Brecht a la hora de establecer estos porcentajes.

Pero no se conoce, así que el tema sigue siendo objeto de discusión. En 1994, John Fuegi, catedrático de la Universidad de Maryland, escribió un libro titulado *Brecht and Company* en el que otorgaba la principal autoría de *La ópera de los tres peniques* (o *de los tres centavos*, o *de los cuatro cuartos*) a Elisabeth Hauptmann. Según Fuegi, Hauptmann era responsable de por lo menos el ochenta por ciento del texto.

El libro de Fuegi, que se reeditó un año después con el provocador título *La vida y las mentiras de Bert Brecht*, causó gran revuelo y reavivó la vieja discusión sobre la autoría de las obras firmadas por el dramaturgo suabo. En el caso de *La ópera de los tres peniques*, es muy posible que la intervención de Hauptmann en la redacción del texto fuera mucho mayor que ese 12,5 por ciento que le correspondía de beneficios; desde luego, su labor fue más allá de la de mera «traductora», que era como figuraba en el cartel del estreno. Claro que es una cuestión imposible de cuantificar, y la misma Elisabeth Hauptmann mantuvo siempre una gran discreción cuando algún reportero fisgón le preguntaba sobre el asunto.

La controversia que se desató a raíz del libro de Fuegi tiene mucho que ver con la forma de trabajar de Brecht. Le gustaba rodearse de un círculo de colaboradores y atender a sus propuestas y sugerencias. A los ensayos de *La ópera de los tres peniques* —que empezaron el primero de agosto de 1928— acudían regularmente amigos como George Grosz, Karl Kraus o Lion Feuchtwanger. Y todos opinaban y se entremetían. Feuchtwanger, por ejemplo, acabó dando el título final a la obra (Brecht tenía previsto llamarla *Gentuza*).

Los ensayos duraron cuatro semanas y fueron caóticos; salpicados de peleas entre los miembros del equipo y con continuos cambios en las canciones y en el elenco de actores. Cuando finalmente se alzó el telón, a las siete y media de la tarde del viernes 31 de agosto, todos estaban convencidos de que iba a ser un fracaso. Más aún cuando se dieron cuenta de que en el programa que ya habían repartido entre el público habían olvidado poner el nombre de Lotte Lenya, la actriz prevista para interpretar el papel de Jenny, la prostituta amiga de Mack el Navaja. Kurt Weill tuvo que hacer maravillas para convencer a su mujer de que saliera al escenario. Con la cortina todavía subiendo, Bertolt Brecht juró: «La última vez que piso este teatro».

Los primeros compases fueron fríos. El público parecía desconcertado. Nadie aplaudió la balada inicial. Nadie rio cuando Polly presentó a su novio Mack el Navaja. Todos callaron durante el banquete de los mendigos. Pero cuando sonó la balada *Seeräuberjenny* («Jenny la de los piratas») se rompió el hielo. Se oyeron los primeros murmullos de aprobación, algunos hasta comenzaron a tararear. Y cuando, poco después, Mack y su viejo amigo Brown entonaron a dúo la *Kanonensong* («Canción del cañón»), el público cantó a coro el estribillo, la primera fila se levantó de sus asientos, después la segunda, la tercera, y todos juntos exigieron que la volvieran a cantar. La función continuó entre vítores, pataleos de aprobación y aplausos que echaban humo. Así hasta la ovación final.

El mérito de Brecht —y el de su equipo— consistió en crear una obra nueva y revolucionaria a partir de elementos clásicos. Además, y esta fue quizá la principal razón de su éxito, *La ópera de los tres peniques* era un magnífico ejemplo del mestizaje cultural propio del Berlín de aquellos años. Una simbiosis de múltiples elementos en distintos niveles: el lenguaje evocaba el alemán de Lutero y estaba al mismo tiempo plagado de términos sacados de la jerga de los delincuentes, de anglicismos y de clichés desgastados. La música también era un genial popurrí que combinaba elementos barrocos, estribillos de temas populares, baladas, melodías de moda, tango, foxtrot, blues, todo ello interpretado por una banda de jazz, una absoluta novedad en los escenarios teatrales. Innovadora fue también la aparición de actrices cantantes que entonaban con angelical voz de soprano unas canciones que hablaban de prostitución y delincuencia, de tabernuchas y proxenetas... En suma, que Brecht y su equipo acertaron con la tecla. Lo captó al instante el escritor Elias Canetti, que estaba entre los asistentes el día del estreno:

> Fue la perfecta manifestación de ese Berlín. La gente se celebraba a sí misma, eran ellos los que estaban en el escenario, y, evidentemente, se gustaban. Primero su comida y luego su moral. Nadie podía haberlo expresado mejor. Se lo tomaron al pie de la letra.

No conocemos la reacción de los padres de Aufricht, pero suponemos que participarían del arrebato general. Al único que no pareció gustarle la obra fue a Alfred Kerr, el crítico que ya había fusilado a Else Lasker-Schüler. Kerr, íntimo enemigo de Ihering, el valedor de Brecht, afirmó que lo único salvable era la «maravillosa música de Weill». Fue él también el primero en acusar a Brecht de plagio. Pero todo quedó en un malentendido; Brecht no ocultó nunca que él era un mero adaptador de la obra de John Gay, y que se había servido además de textos y baladas de François Villon y Rudyard Kipling. Y cuando se le insistía sobre la cuestión, reaccionaba con una sinceridad que desarmaba: «Sí, soy bastante dejado en lo que concierne a cuestiones de propiedad intelectual».

Alfred Georg Hermann Henschke, conocido por el pseudónimo de Klabund, no asistió al estreno de *La ópera de los tres peniques*. El poeta vagabundo y marido de Carola Neher había muerto dos semanas antes. Se enfrió durante un viaje por los Alpes, contrajo una pulmonía y murió poco después, el 14 de agosto, en el balneario suizo de Davos. La pulmonía se le sumó cruelmente a la tuberculosis que arrastraba desde los dieciséis años, cuando, con el fervor de los poetas adolescentes, emprendió una temeraria marcha a pie a través de las Montañas de los Gigantes. La poesía no mata, pero el vagabundeo sí.

La vida de Klabund había sido una carrera contra reloj, siempre huyendo de las corrientes de aire y sin parar de escribir. Los treinta y ocho años que cumplió le alcanzaron para escribir veinticinco dramas, catorce novelas e infinidad de relatos, poesías, libretos para cabaret y ensayos sobre literatura. En muchos de sus textos abordaba su enfermedad. Hizo literatura de la tuberculosis. Proyectaba escribir la historia de la literatura de los tísicos, una enfermedad que, según él, tiene la característica de transformar a los que la padecen: «Los tísicos llevan el estigma de Caín, sufren una pasión que se vuelve hacia su interior». (Habría culminado su historia con Kafka, fallecido de tuberculosis pocos años antes.)

Klabund vivió siempre a caballo entre Múnich, Lausana, Berlín y Davos. En las tres primeras ejercía de bohemio; a Davos acudía, cada pocos meses, a tratarse de su dolencia. En el balneario vivía como un personaje de *La montaña mágica* de Thomas Mann. Allí conoció a su primera mujer, Brunhilde Heberle, también tísica, que falleció tras un parto prematuro. El hijo de ambos murió cuatro meses después. Klabund, plagado de remordimientos, escribió en uno de sus poemas: «Te he profanado, Mater dolorosa, te he matado con mi hijo».

Klabund habría ido al estreno de *La ópera de los tres peniques*, a pesar de que su relación con Brecht era distante y ambigua (el dramaturgo Carl Zuckmayer, que conocía bien a ambos, escribió en sus memorias: «En realidad son amigos, pero igual se podría decir que son enemigos»). Brecht y Klabund habían intimado en Berlín. Compartían la afición por el teatro, el cabaret, la poesía y la música. Muchas de las baladas que Brecht tocaba en los tugurios de Friedrichshain y Kreuzberg las había compuesto Klabund. Pero la relación se deterioró. Géza von Cziffra nos revela otra escena de la que fue testigo en el Romanisches Café: Klabund le reprocha a Brecht un comentario despectivo y le espeta que no se envalentone tanto, porque, al fin y al cabo, ha comenzado su carrera con sus canciones. La respuesta de Brecht: «Y con tu mujer».

Los presentes entendieron el escarnio. Brecht y Carola Neher se conocían de Múnich. El teatro los llevó luego a ciudades diferentes: a Brecht a Berlín, a Neher a Breslavia. Neher empezó a brillar como actriz y cantante. Tenía un talento natural para la interpretación, era «moderna, agresiva, irritante», en palabras de Klabund, y estaba dotada de una «voz salvaje, como de niño criado en la selva», según un crítico de la época. Klabund siguió a Neher a Breslavia. Quería que interpretara el papel principal en su obra *Der Kreidekreis* («El círculo de tiza»), la adaptación de un drama familiar que transcurre en la China imperial. Neher aceptó, la obra se estrenó en 1925, y ese mismo año se casaron. Juntos fueron a Berlín, donde *El círculo de tiza* se representó con gran éxito (más adelante Brecht se basaría en él para componer *El círculo de tiza caucasiano*). En la capital, Klabund empezó a escribir piezas para cabaret y Carola Neher se consagró como una de las mejores actrices de los escenarios berlineses, además de musa de la izquierda intelectual. Era una de las mujeres más bellas de Berlín. Tenía varios amantes, y Brecht seguía siendo uno de ellos.

Brecht propuso a Neher representar el papel estelar en *La ópera de los tres peniques;* el de Polly, la hija perdida que se escapa con el gánster Mack el Navaja. Neher incluso participó en los primeros ensayos, pero en cuanto se enteró de que su marido había enfermado gravemente viajó de inmediato a su lado. Klabund siempre la había acompañado al Romanisches Café; ahora ella lo acompañaba en su lecho de muerte. Brecht llamaba todos los días a Davos para instar a Neher a que regresara, pero ella se negaba. Asistió a su marido durante la agonía y no volvió hasta después del entierro. Retomó las pruebas, pero se desmayó dos veces en el escenario; no soportaba escuchar las canciones que Brecht había adaptado de François Villon, otro poeta vagabundo. Era el autor preferido de Klabund. Brecht había conocido a Villon a través de Klabund.

> Los poetas son las lágrimas de la nación. En medio de un mundo dominado por la utilidad y el oportunismo, en medio de un mundo de existencias cómodas y seguras, de cargos y honores, de puestos seguros, él no llevaba más que sus convicciones y su corazón.

Con estas palabras concluyó el también poeta Gottfried Benn el discurso fúnebre pronunciado en el entierro de Klabund. Carl von Ossietzky, director de *Die Weltbühne,* escribió poco después su necrológica: «Era el último rapsoda libre, el último de la estirpe de los trovadores, y su obra va a perdurar más que la de la mayoría de nuestros poetas desde Heinrich Heine». El tiempo no le ha dado la razón.

UN DOMINGO CUALQUIERA
1929

Steegemann paga cada vez menos por las caricaturas y la compasión de los camareros llega para ahorrarse de cuando en cuando el café, pero no para pagar la morfina. Así que Höxter ha buscado otras fuentes de ingresos. La más lucrativa es dar sablazos a los clientes del café. Cuenta con varios competidores, entre ellos el temible Anton Kuh, recién llegado de Viena, un escritor que apenas escribe, célebre ya en el Café Central por su habilidad como sacacuartos. Pero Höxter proviene de familia de comerciantes y tiene más tablas. Y actúa en su territorio.

Ha ideado un sistema de tarifas acorde al monedero de sus víctimas. Conoce el poder adquisitivo de los habituales, y no tarda en averiguar el de los novatos; los observa, indaga sobre su situación, y cuando se entera, por ejemplo, de que han escrito un libro o firmado un contrato, los invita amablemente a negociar. Las tarifas semanales que reclama oscilan entre veinte pfennigs y un marco y medio. La mayoría acepta, aunque todos saben que gran parte del dinero es para costear la morfina. Cuando alguno lo deja caer, Höxter se lleva las manos al costado y jura que se droga para soportar el dolor que le produce una afección de hígado. Con el paso del tiempo, el pago de la comisión se ha convertido en un ritual del que casi todos participan, unos con mayores comprensión y paciencia que otros. A veces, a los que no conoce les pide directamente dinero prestado. La suma y el plazo varían según el aspecto de la víctima. Cuando alguna le recrimina su gorroneo, Höxter replica que en un café son necesarios los gorrones, para el *Umwelt*, para el equilibrio ambiental, y para apelar a la conciencia de los clientes. Es esta la causa, y no la mala educación o el esnobismo, de que nunca dé las gracias. Hay quien le dice que por qué no se dedica a pintar en serio, que es una pena desperdiciar tanto talento. Otros le hacen prometer que se someterá a una cura de desintoxicación. Pero la mayoría le deja hacer, por lástima o por la fuerza de la costumbre. El propietario del café, el señor Fiering, lo tolera: «Es ya parte del mobiliario».

La conversación de Höxter es amena, sarcástica, acrobática. Departe a menudo con sus sableados y les cuenta lo de Quasimodo y el campanario. O que es el último beduino de Berlín y que el café es su oasis. O les refiere su breve experiencia en la guerra como integrante de una compañía llena de «elementos inestables», él el primero, y que por eso lo licenciaron a las pocas semanas, y se perdió la guerra. O les habla de su procedencia, vástago de una honorable familia de talmudistas, hijo natural de un rabino y una castañera. O les cuenta que a lo largo de los últimos años se ha emborrachado con cada uno de los habituales del café, y que es el único que puede tutearlos a todos. O se jacta de su éxito con las mujeres, de ardientes romances con actrices y cabareteras. Nadie le cree las historias, pero todos reconocen su talento de pedigüeño. Con inesperada agilidad danza de mesa en mesa, se detiene en una de ellas y suelta con su exquisito acento de Hannover una frase del tipo: «¿Me puedes prestar veinte pfennigs? Solo hasta mañana. ¡Palabra de honor!». Y al tiempo que lanza su letanía exhibe lo que a decir de todos es la mayor de sus destrezas: el arte de la genuflexión. Una pirueta que ejecuta con elegancia y gracilidad de bailarina, una bailarina con joroba. Y la redondea con una sonrisa beatífica, si la víctima es mujer, o con una mueca de condenado al patíbulo, si es hombre. Como en este mismo instante, en el que Höxter, ahora con corbata y monóculo, se planta ante una mesa que acaba de ser ocupada por dos orondos caballeros. Se acerca el mediodía, y empiezan a llegar las primeras víctimas. Höxter las asalta con el bloc de notas en la mano. Es el cuaderno donde tiene apuntadas las tarifas. Lo abre con sus dedos huesudos y largos como patas de araña. La mandíbula adquiere un aspecto caballuno. La joroba se hincha. En momentos así parece su propia caricatura.

Sí, han leído bien: Höxter con traje, corbata y monóculo. Y con el pelo engominado. Lo atestigua una de las dos fotografías que ilustra un reportaje sobre el Romanisches Café publicado el 4 de abril de 1929 en la *Münchner Illustrierte Presse*. El elegante porte de Höxter se podría interpretar como un síntoma más del proceso de aburguesamiento del café. Y la segunda foto sería una prueba de su creciente éxito: porque en ella se ve el café a rebosar, con todas las sillas Thonet ocupadas.

El autor del reportaje era Paul Marcus, el periodista que nos dejó la anécdota del falso corresponsal de Bulgaria. Ahora, unos años después, Marcus se hacía eco de que los autobuses turísticos que recorrían Berlín se detenían delante del

Romanisches y el guía, que acababa de presentar la ineludible Iglesia Memorial, giraba la cabeza y anunciaba por el altavoz: «Señoras y señores, *ladies and gentlemen*, *mesdames et messieurs*, a la derecha pueden ver ustedes el Romanisches Café, el olimpo de las artes inútiles, la sede de la bohemia berlinesa…».

Apenas unos años antes, el Romanisches Café figuraba en la guía alternativa *Lo que no se encuentra en el Baedeker* como un *Geheimtipp* —una suerte de «soplo»—, con la indicación de que allí se alojaba una «muestra representativa de Berlín». Ahora, en la primavera de 1929, el café se había convertido en visita obligada para los muchísimos turistas que acudían a Berlín en cuanto llegaba el buen tiempo.

Había incluso autobuses que paraban para que los turistas pudieran tomar un café en su terraza, sin duda la más espectacular y mejor situada de todo Berlín. Claro que también la más ruidosa; en medio del gentío que se apresuraba entre la Tauentzienstraße y la Ku'damm, en medio de un barullo que se mezclaba con el chirriar de los neumáticos y el tintineo de las campanas de los tranvías. Solo muy temprano por la mañana se podía disfrutar de cierto silencio; incluso distinguir el trinar de los pájaros del cercano jardín zoológico.

La mayoría de los turistas que bajaban de estos autobuses se quedaban en la terraza. Pero siempre había algunos que, armados con sus cámaras Leica, entraban en busca de famosos. Pocas veces quedaban decepcionados: entre los muros del desangelado local podían encontrar no ya solo una muestra representativa de Berlín, sino el *Todo* Berlín. El Romanisches Café estaba de moda, y su enorme tamaño daba cabida a muchos famosos que iban y venían en constante mudanza. La puerta giratoria echaba humo y el pobre Nietz tenía que hacer maravillas para regular el tráfico.

El principal objetivo de los curiosos eran las divas del escenario y de la pantalla. A media tarde, antes de que empezaran las funciones, era muy fácil dar con actrices en el Romanisches Café. Por ejemplo, con Elisabeth Bergner, que acababa de obtener un gran triunfo con el estreno en Alemania, bajo la dirección de Max Reinhardt, de *Santa Juana* de George Bernard Shaw. Lisl, el diminutivo con que era conocida en el café, se contoneaba de mesa en mesa provocando a los clientes masculinos. Su frase favorita era: «El único hombre que me ha hecho daño ha sido mi dentista».

Su colega Ruth Landshoff no le iba a la zaga en cuanto a pavonearse y a provocar. En su caso a hombres y a mujeres, pues era bisexual militante: «A veces gallina, a veces gallo». Pertenecía también al elenco de Max Reinhardt, y había participado en la película *Nosferatu,* de Friedrich Wilhelm Murnau, estrenada unos años antes. Era uno de los iconos del estilo andrógino, y fue la primera mujer en aparecer en público con esmoquin de terciopelo.

Otra de las actrices que solían acudir era Marlene Dietrich. Casi nadie la conocía aún, pero le faltaba poco para convertirse en estrella; precisamente en esos meses estaba rodando *El ángel azul,* con Josef von Sternberg como director y Emil Jannings en el papel protagonista masculino. La película se basaba en la novela *El profesor Unrat* de Heinrich Mann, que también participaba como guionista. La música la estaba componiendo Friedrich Holländer.

Aparte de con estas actrices —y de con los personajes del mundo de la cultura y del arte que han ido apareciendo a lo largo de esta crónica—, una tarde de primavera de 1929 los turistas tenían la posibilidad de toparse, por ejemplo, con Albert Einstein. No tenía mesa fija, pero llamaba para reservar y entonces Fiering colocaba en una de ellas un cartel que decía:

Reservada para:
El comisario de la Asociación Imperial de Física y Técnica
El director del Instituto Astrofísico de la Sociedad Kaiser Wilhelm
Un miembro de la Academia de las Ciencias de Prusia

Las tres personas eran Einstein, que ya había obtenido el Premio Nobel y se había convertido en una eminencia cargada de títulos y honores. Solía venir acompañado de su amigo el músico Arnold Schönberg, que impartía clases de composición en la Academia de Bellas Artes de Prusia. A veces Einstein aparecía también con alguna admiradora, por lo que los chismosos del café le pusieron de mote el Marido Relativo.

Con algo de fortuna, los turistas curiosos podrían también acercarse a pocos metros de Stefan Zweig o de Thomas Mann, que hacían paradas allí siempre que iban a Berlín desde Salzburgo y Múnich. O asistir en la galería de juegos a una partida de ajedrez de Emanuel Lasker, que tras haberse retirado —después de casi treinta años como campeón mundial— pasaba las tardes en el café dando lecciones de ajedrez. O ser testigos de una amena conversación entre Max Schmeling, campeón de Europa de boxeo, y Erich Maria Remarque, que trabajaba de periodista deportivo del *Sport Bild* y, en las horas libres, terminaba su novela *Sin novedad en el frente*. O admirar al inmenso actor Heinrich George, el guardián de la Máquina Corazón de *Metrópolis,* en amena charla con el también actor Peter Lorre (futuro psicópata en *M. El vampiro de Düsseldorf*). O escuchar quizá a los dramaturgos Ödön von Horváth y Walter Hasenclever disertando sobre la pertinencia de usar el dialecto en escena. O ver a la vienesa Gina Kaus, redactora de la *Vossische Zeitung,* hablando con su compatriota Vicki Baum, que acababa de publicar su novela *Gran Hotel* (llevada al cine poco después con Greta Garbo como protagonista). O ver también al periodista más conocido de Alemania, Kurt Tucholsky, que pasaba largas estancias fuera, pero siempre volvía a su ciudad natal: «Todos los caminos me traen a Berlín. Y al Romanisches Café».

De aquellos días dorados son también algunas impresiones del café que nos han dejado por escrito visitantes ilustres. Franz Hessel, el *flâneur* de Berlín, acostumbraba hacer aquí un alto durante sus largos paseos por Charlottenburg. Le escandalizaba la fachada del edificio, obra de «un arquitecto cuyo nombre prefiero olvidar». Pero luego no resistía la tentación de entrar para platicar con sus amigos; eso sí, «a una hora temprana, cuando aún no está tan lleno».

Erich Kästner, periodista del *Berliner Tageblatt* y que en octubre de ese mismo año publicaría su novela juvenil *Emilio y los detectives*, dedicó al café todo un artículo titulado «*Rendezvous* de los artistas». El texto era benévolo y complaciente, pero no estaba exento de pullazos. Como cuando se refería al café como la «sala de espera de los talentos», para luego añadir que «hay quien lleva veinte años esperando al talento».

Pero fue Elias Canetti, que trabajaba por entonces de traductor para la editorial Malik, quien nos ha dejado la prueba más ilustrativa del estatus que había alcanzado el café en ese último año de la década de los veinte:

> Muy importante era ser visto; una y otra vez, durante días, semanas y meses. Las visitas al Romanisches Café, que, por supuesto, eran placenteras, no eran solo eso; nacían de la necesidad de exhibirse, de «automanifestarse». Nadie se resistía a ello. Quien no quería ser olvidado tenía que dejarse ver por ahí.

El Romanisches Café vivía una época de esplendor y se había convertido en el icono de la vida cultural berlinesa. Y como suele suceder, en torno a él empezaron a circular todo tipo de relatos, anécdotas y leyendas. Algunas más verdaderas que otras. Aunque solo he podido encontrar el testimonio de Géza von Cziffra, la reunión de Hauptmann y Brecht suena verosímil. Pero otras historias hay que tomárselas con recelo. Como esa que cuenta que había en el café una tertulia de médicos —la «mesa de los medicínicos»— en la que Gottfried Benn y Alfred Döblin departían burlones sobre gonorrea y herpes. Es cierto que a ambos la experiencia en los hospitales de campaña durante la Primera Guerra Mundial los había convertido en grandes escépticos, sí, en verdaderos cínicos por lo que atañe a la naturaleza humana. Y también lo es que acudían de cuando en cuando al Romanisches Café. Pero Gottfried Benn solía sentarse a la mesa de su amiga y examante Else Lasker-Schüler, mientras que Alfred Döblin prefería hacerlo entre los ajedrecistas. Además, es poco creíble que el poeta del bisturí, que más adelante coqueteó con los nazis, hiciera buenas migas con el judío Döblin, que no ocultó nunca sus simpatías por el comunismo.

Es dudoso también que Vladimir Nabokov se dignara a franquear la puerta giratoria vigilada por Nietz. Nabokov vivía por entonces en Berlín —trabajaba de traductor y de preceptor privado, y publicaba relatos bajo el pseudónimo de W. Sirin—, pero no se acabó de integrar en la ciudad. Apenas aprendió alemán y no salía de los círculos rusos (no le hacía falta; en los años veinte había en Berlín alrededor de cuatrocientos mil exiliados rusos, con decenas de locales donde tomar *shashlik* al son de la balalaika).

Un ruso exiliado que sí frecuentó el Romanisches Café fue Ilia Ehrenburg. En una carta que escribió en una de sus mesas, lo definió como un «cuartel general de vagabundos fanáticos, de gente cosmopolita y de granujas eruditos, curados todos ellos de cerril nacionalismo». Está confirmada asimismo la presencia en el café de otros autores extranjeros de paso o establecidos en Berlín, como T. S. Eliot, Thomas Wolfe, André Gide, W. H. Auden y Nico Rost. Y también es cierto, contado de primera mano por los protagonistas y corroborado por testigos, que, a mediados de 1929, en la terraza del Romanisches Café se gestó la carrera de cuatro jóvenes cineastas que acabarían triunfando en Hollywood.

El Berlín de los años veinte no era solo la ciudad de la prensa, de las editoriales, de los teatros y cabarets, sino también el centro de la producción cinematográfica en la Europa de habla alemana. A mediados de la década, ya había allí más de cien productoras y más de cuatrocientas salas capaces de acoger a ciento cincuenta mil espectadores. Algunas de ellas eran enormes recintos —situados casi todos en el entorno de la Ku'damm— con aforos de hasta mil quinientos espectadores: Capitol, UFA-Palast am Zoo, Gloria Palast... Y a las afueras de la ciudad, en Babelsberg, se había edificado una auténtica «ciudad del cine» que albergaba la Universum Film AG, la UFA, una inmensa productora capaz de rodar una media de seiscientas películas al año.

Los diarios comenzaron a dedicar una sección al cine, se crearon revistas especializadas y surgió la profesión de crítico de cine. Muchos escritores y periodistas se sintieron atraídos por el nuevo género, entre ellos Joseph Roth, que llegaría a escribir más de cien críticas y artículos de cine. O Egon Erwin Kisch, que viajó expresamente a Hollywood para hacer varios reportajes y entrevistar a estrellas de la pantalla, como Charlie Chaplin. (Aunque no todos los escritores participaban del entusiasmo: en un artículo titulado «Mi opinión acerca del cine», Thomas Mann declaraba tajante: «El cine no tiene nada que ver con el arte».)

Este *boom* de la industria cinematográfica se explica porque ofrecía el producto idóneo para un público con ganas de entretenimiento y pocos recursos económicos. Un dicho muy repetido lo expresaba así: «Por diez pfennigs me llenan la cabeza de tonterías». La mayoría de las películas eran, claro, del género escapista: comedias ligeras, dramillas románticos, filmes de aventuras o las muy populares películas de montaña, en las que se glorificaba el alpinismo, el esquí y la lucha contra los elementos. Pero también se rodaban obras de ambiciones artísticas y que participaban de las corrientes estéticas en boga, en especial del expresionismo. Algunas de ellas marcarían la época dorada del cine alemán: *El gabinete del doctor Caligari*, de Robert Wiene, se rodó en 1920; dos años después se estrenaron la ya mencionada *Nosferatu*, de F. W. Murnau, y *Dr. Mabuse*, de Fritz Lang.

Tras un paréntesis obligado a causa de la crisis de 1923, la producción emergió de nuevo con fuerza: el mismo Fritz Lang creó en 1927 su segunda obra maestra, *Metrópolis*, una perturbadora visión de la ciudad del futuro. Retomando el motivo, si bien ciñéndose al presente, Walter Ruttmann estrenó ese mismo año un homenaje a Berlín que mezclaba con brillantez la imagen y el sonido: *Berlín, sinfonía de una gran ciudad*.

La síntesis de imagen y sonido era la panacea que llevaba buscándose desde hacía unos años. En 1922, la productora Tri-Ergon había creado la primera película alemana basada en el sistema de sonido óptico. Era un documental titulado *La vida en el campo*, con una escena estelar en la que un gallo cacareaba subido a un montículo de abono mientras una piara de cerdos hacía coro con sus gruñidos. El documental fue saludado con un cartel que clamaba: «El cine sonoro perjudica los ojos y los oídos». Y provocó el habitual rechazo ante toda novedad. Algunos críticos auguraban ya la decadencia del arte interpretativo, y los sindicatos de artistas temían la pérdida de empleos, sobre todo para los músicos de las orquestas que acompañaban la proyección.

El cine mudo y el sonoro convivieron durante unos años, hasta que, en junio de 1929, se estrenó en el monumental Gloria Palast de Berlín la película musical *The Singing Fool* («El loco cantor»). Fue un éxito apoteósico, y en muy poco tiempo la mayoría de los cines comerciales de Berlín retiraron del cartel las películas mudas. La puntilla al cine mudo la daría *El ángel azul*, que se estrenaría unos meses después en el mismo Gloria Palast: los pocos espectadores que aún añoraban el cine mudo claudicarían cuando Marlene Dietrich empezaba a entonar esa canción que había compuesto Friedrich Holländer con el título *Ich bin von Kopf bis Fuß auf Liebe eingestellt* (difícil de traducir: una traducción literal sería «Estoy "ajustada" para el amor de los pies a la cabeza»; la oficial es «Estoy a punto para el amor de los pies a la cabeza»; otra opción, que tal vez ruede mejor, sería «Estoy hecha para el amor de los pies a la cabeza»).

El Gloria Palast era uno de esos «palacios de imágenes luminosas» donde se estrenaban las grandes producciones. Ocupaba las dos primeras plantas de la Casa Románica I, justo encima del Café Regina (que ahora se llamaba Café Trumpf). Seguro que los cuatro jóvenes a los que he aludido antes lo visitaban con frecuencia. Es muy posible incluso que ese mes de junio de 1929 asistieran al estreno de la película *The Singing Fool*, o que la vieran poco después; no en vano eran cinéfilos empedernidos y pasaban casi todas las tardes en la vecina terraza del Romanisches. Los cuatro eran judíos, habían llegado del este y soñaban con una carrera de cineasta. En la terraza del café estaban planeando su ópera prima.

El más joven de ellos procedía de Rzeszów, una pequeña ciudad del confín del Imperio austrohúngaro. Había empezado a estudiar Derecho en Viena, pero pronto se sintió atraído por el mundo del cine, así que convenció a sus padres para que lo dejaran ir a París y matricularse en la École Technique de Photographie et de Cinématographie. Con el diploma en la mano se fue luego a Berlín, donde trabajó de operador de cámara en varias películas de cine mudo. Era esta la función que había de desempeñar en el nuevo proyecto. Tenía veintidós años, el pelo castaño, el rostro afilado, la nariz fina y ojos de pillo. Se llamaba Alfred Zinnemann, aunque todo el mundo le llamaba Fred.

El segundo más joven estaba a punto de cumplir veintitrés años. Era bajito, corpulento, de frente despejada, y tenía la misma mirada astuta que Fred. También provenía de un pueblecito lejano del Imperio austrohúngaro y también había estudiado en Viena, aunque él se decantó por el periodismo. Durante unos años fue reportero sabueso del diario sensacionalista *Die Stunde*. Pero soñaba con Berlín. Se fue con lo puesto. Al principio, los artículos que publicaba en la prensa no le daban para vivir, así que por las noches trabajaba en el Eden Hotel como bailarín acompañante de elegantes damas. Y escribía, como negro, guiones de cine. Ahora se le ofrecía la oportunidad de firmar un guion con su propio nombre: Samuel Wilder. Sus amigos le decían Billie.

El tercero era dos años mayor que Billie y había nacido en Ölmutz, ciudad morava enclavada también en ese inmenso Imperio austrohúngaro. Había estudiado escenografía en la Academia de Artes Aplicadas de Viena y colaborado en filmes como *El Golem*, *Sodoma y Gomorra* y *Los Nibelungos*. Más adelante acompañó a Max Reinhardt de gira por los Estados Unidos. Se quedó un tiempo en Hollywood y trabajó para la Universal, en la producción de películas del Oeste. Participó después en *Amanecer* de Friedrich Wilhelm Murnau; su nombre, Edgar G. Ulmer, aparecía incluso en los títulos de crédito como director artístico. Era alto, de pelo moreno y rizado y mirada seria. Tenía más tablas que los demás, así que en el nuevo proyecto sería ayudante de dirección.

El cuarto estaba a punto de cumplir treinta años. Era alto, delgado, con calvicie prematura y sonrisa de niño. Natural de Dresde, había estudiado interpretación con el famoso Erich Ponto —el futuro doctor Winkel de esa maravilla que es *El tercer hombre*—. Se unió luego a un grupo de teatro ambulante. De vuelta en Dresde, fue primero contable en un banco, fundó una editorial, editó una revista y trabajó como montador para varias películas producidas por su tío, Heinrich Nebenzahl, el dueño de Nero-Film AG. Su tío les había adelantado dinero para el proyecto, así que él, como sobrino, sería el director. Se llamaba Robert Siodmak.

Tenían ya título: *Menschen am Sonntag*. También es difícil de traducir. En España, la película se conoce como *Los hombres del domingo*. Pero no es una traducción muy acertada. En primer lugar, porque *Menschen* no son «hombres», sino «personas». Además, sería más acertado algo así como *Un domingo cualquiera*, ya que la idea era narrar la vida de un grupo de jóvenes de ambos sexos un domingo cualquiera en Berlín.

El problema principal era que los cinco mil marcos prestados por el tío de Robert no daban para mucho. De ahí que decidieran rodar una película muda con actores aficionados que se representarían a sí mismos: Annie sería la maniquí de la vida real; Erwin, el mismo taxista; Brigitte, la dependienta en una tienda de discos; Christl seguiría siendo modelo y extra de películas, y Wolfgang regentaría su propio comercio de vinos. Tan solo en dos escenas muy breves actuarían actores profesionales: Valeska Gert y Kurt Gerron, dos habituales del café.

Debido a que los actores tenían que trabajar durante la semana, se limitarían a rodar los domingos. Y lo harían solo en escenarios naturales; se consolaban diciendo que eso acentuaría el realismo. Uno de ellos sería la terraza del Romanisches Café. Fiering no les cobraba nada.

La escena del Romanisches Café es una de las primeras de la película. Wolfgang, el comerciante de vinos, aborda en la calle a la modelo Christl, que parece estar perdida o esperando a alguien, y la invita a tomar algo en la terraza del café. Se sientan en las butacas de estera e inician un juego de seducción; miradas, sonrisitas, tanteo… Llega el camarero con una bandeja en la que hay una copa de helado, una taza de café y dos vasos de agua. Ella ase la taza, bebe un trago, y él, con ese impertinente tonillo berlinés, le dice —el diálogo aparece en rótulos—: «No es agradable que la dejen plantada a una, ¿verdad? ¿Cómo es, rubio o moreno?». Ella, con peinado *bubi*, mirada desafiante y la misma *Berliner Schnauze*, replica: «Ni moreno ni rubio. A mí nadie me deja plantada». Él esboza una mirada pretendidamente irresistible y empieza a sorber con la pajita la copa de helado. Ella remueve el café y sonríe, coqueta. En ese momento, se da cuenta de que en uno de los vasos flota una oruga. Él la saca cuidadosamente, la deposita en la bandeja y la rocía con unas gotas de agua. La oruga se revuelve y los dos ríen. Ahí acaba la escena.

He rastreado la bibliografía de la película, pero apenas he encontrado comentarios sobre la escena. Tan solo un crítico,

Hans-Peter Preußer, aventura que, igual que otros detalles que salpican el largometraje, la oruga podría ser un «indicador de las relaciones de los protagonistas», en este caso enamoramiento y cariño... No convence mucho. Y tampoco resulta convincente apelar al simbolismo y ver en la oruga el nacimiento o el comienzo de algo, porque al final de la película Wolfgang prefiere irse con Brigitte, la mejor amiga de Christl.

Pero, desde una perspectiva histórica, *Menschen am Sonntag*, un film primerizo y de bajísimo presupuesto, sí ha sido pionero en muchos aspectos. Primero, y debido sobre todo a su carácter cuasi documental, se convirtió en la cumbre cinematográfica de la Nueva Objetividad. Años después, por la cotidianeidad de la trama y los actores no profesionales, hubo críticos que la vieron como precursora del neorrealismo. Y más recientemente, atendiendo a las condiciones de producción y a su carácter experimental, otros expertos han visto en ella una de las primeras películas independientes.

Además, para los cuatro jóvenes que sacaron adelante el proyecto, *Menschen am Sonntag* supuso el punto de partida de una exitosa carrera: Fred Zinnemann acabaría dirigiendo clásicos como *Solo ante el peligro* y *De aquí a la eternidad*, y ganaría cuatro Oscars; Edgar G. Ulmer llegaría a rodar más de ciento veinte títulos y se convertiría en el rey de los filmes de serie B; Robert Siodmak acabaría siendo uno de los maestros del cine negro, con obras como *El abrazo de la muerte* o *La escalera de caracol;* y Billie Wilder, que cambiaría la ortografía de su nombre porque en América Billie es nombre de mujer, se convertiría, simplemente, en Billy Wilder.

Para el Romanisches Café, sin embargo, la oruga que se retuerce en una de las mesas de su terraza solo podía simbolizar el comienzo del fin.

RATONES BLANCOS
1930

El nuevo año, la nueva década, empezó con la rémora del otoño anterior. El 3 de octubre había fallecido Gustav Stresemann, el segundo ministro de Asuntos Exteriores que moría ejerciendo su cargo, aunque esta vez fue por causas naturales, víctima de una apoplejía. Pero hubo muchos paralelismos con el caso Rathenau: Alemania había perdido a su político más capaz, el que más había hecho para reconciliarse con las potencias extranjeras y el que más empeño había puesto en mantener la coalición que gobernaba desde la primavera de 1929. Era una de esas coaliciones enrevesadas, formada por los socialdemócratas del SPD, la derecha moderada del DVP, el partido de centro DZP, el partido liberal de izquierda DDP y los regionalistas bávaros del BVP. La coalición estuvo desde el principio marcada por las exigencias de los partidos pequeños y las tensiones entre los dos grandes, el SPD y el DVP. Si lograba mantener su precario equilibrio era gracias al respeto mutuo que se profesaban el canciller socialdemócrata Hermann Müller y su ministro de Exteriores, el conservador Gustav Stresemann.

A pesar de que arrastraba desde hacía tiempo problemas de salud, la muerte de Stresemann causó sorpresa, pesadumbre e inquietud. Las calles de Berlín se volvieron a llenar de miles de personas que escoltaban el cortejo fúnebre. Y también en este caso hubo un intelectual amigo del difunto que elevó la voz de alarma. Fue Harry Graf Kessler quien asumió el papel de agorero que había asumido Stefan Zweig con Rathenau:

> Es una pérdida irreparable y de efectos imprevisibles. Me temo que la muerte de Stresemann va a traer sobre todo graves consecuencias para la política interior: un giro a la derecha del DVP, una ruptura de la coalición, una vía abierta para la dictadura.

La vía se abrió aún más con la crisis financiera y económica que provocó el *crack* de Wall Street unas semanas más tarde: el nefasto jueves 24 de octubre de 1929. Alemania, que tanto dependía de los créditos y de las inversiones que llegaban de Estados Unidos, fue uno de los países más afectados. Sobre todo cuando, pocos días después del *crack*, los bancos americanos empezaron a exigir la devolución de los créditos en curso para hacer frente a sus propias obligaciones. La súbita escasez de dinero provocó una brusca caída de la producción que ocasionó despidos y el consiguiente ascenso del paro.

En Berlín se empezaron a repetir algunas escenas conocidas. No había inflación, pero el paro hizo que volvieran las largas colas delante de las oficinas de subsidio, que creciera el número de indigentes y pedigüeños, que hubiera cada vez más manifestaciones y protestas callejeras. Y muy pronto se produjo un suceso que iba a aumentar la tensión que se palpaba en el ambiente, la bola de nieve que acabaría provocando el alud. Ocurrió la noche del 14 de enero de 1930, en el número 62 de la Große Frankfurter Straße.

La Große Frankfurter Straße cruzaba Friedrichshain, uno de los barrios que había recorrido el joven Brecht con la guitarra al hombro cuando llegó a Berlín. Era un barrio obrero de fachadas descascarilladas y patios grises donde jugaban niños escuálidos y mataban el tiempo jóvenes en paro. Estaba siempre envuelto en el olor a carne del matadero municipal, y a hollín y a cebada de las fábricas de cerveza. Y en él regían las tres eles de la santísima trinidad comunista: Lenin, Luxemburgo y Liebknecht.

El protagonista del suceso tenía veintidós años y se llamaba Horst Wessel. Procedía de una familia de pastores protestantes, tradicionalistas y fieles al káiser. Wessel disfrutó de una infancia plácida y abrigada en Berlín-Mitte, un distrito burgués en el centro de la capital. Empezó a estudiar Derecho, ingresó en una asociación estudiantil ultraconservadora y, más adelante, en el Wikingbund, la sucesora de la Organización Cónsul tras ser esta prohibida. Abandonó los estudios, trabajó de taxista y excavó túneles para el suburbano. En 1926, se afilió al NSDAP y se incorporó a las SA. Estuvo primero activo en la sección de las SA de Prenzlauer Berg, y en la primavera de 1929 fue nombrado *Truppführer* de las SA en Friedrichshain.

La misión de Wessel en el feudo obrero no se limitaba a cazar comunistas. Los nazis ya no solo reclutaban a sus miembros entre los *Freikorps,* sino también entre los trabajadores descontentos. Así que Wessel tenía que tratar de ganar a los jóvenes en paro para las SA y, de paso, a los chicos escuálidos para las Juventudes Hitlerianas. El comienzo fue prometedor. Wessel poseía excelentes credenciales; a su carácter audaz, violento y provocador sumaba talento persuasivo y facilidad de palabra. E incluso pluma fácil; en *Der Angriff*, uno de los periódicos del Partido Nacionalsocialista, había publicado un poema que empezaba así: «¡Izad las banderas! ¡Cerrad filas! ¡Las SA desfilan con paso firme!».

El caso Wessel acabó convirtiéndose en uno de los mitos más fructíferos del nazismo. Encumbrado a héroe y mártir del movimiento, la versión musicalizada de su poema, el *Horst Wessel Lied*, fue declarada himno oficial del partido. Una vez en el poder, los nazis rebautizarían el odiado barrio de Friedrichshain con el nombre de Horst Wessel. Y Horst se convertiría en el nombre varón preferido de los alemanes, por delante de Adolf. Claro que, como ocurre con todo lo que acaba en mito, el caso Wessel fue objeto de un intenso proceso de manipulación. Lo sabemos ahora en detalle gracias al trabajo del historiador alemán Daniel Siemens, que ha desempolvado las actas del sumario para reconstruir lo que sucedió. Los siguientes párrafos están basados en el libro que publicó en 2009 bajo el título *Horst Wessel. Tod und Verklärung eines Nationalsozialisten* («Horst Wessel. Muerte y glorificación de un nacionalsocialista»).

En octubre de 1929, unos meses después de mudarse a la Große Frankfurter Straße, Horst Wessel conoció a Erna Jaenicke, una chica que hacía la calle por los alrededores de la Alexanderplatz. Se enamoraron y él la invitó a quedarse a vivir en su casa. Según declaró más tarde la propia Jaenicke, Wessel empezó a evitar a sus camaradas y a desatender sus labores en el partido; ella, por su parte, dejó de ejercer su «antiguo oficio».

Durante las primeras semanas después de conocerse, la pareja apenas salía del piso. La casera, Elisabeth Salm, no estaba contenta con la situación y exigió dinero a Wessel por la nueva inquilina. Harta de que este se negara a pagar, Salm pidió ayuda a Albrecht Höhler, un amigo de su difunto esposo. Höhler, carpintero de profesión, era un viejo conocido de la policía: había sido detenido en dieciséis ocasiones por participar en algaradas callejeras como miliciano del *Rotfront*. La policía estaba además al tanto de sus actividades en los bajos fondos, entre ellas ejercer de proxeneta en el Café México, el mismo local donde Wessel había conocido a su novia.

Escoltado por un par de camaradas, Höhler fue a casa de Wessel para «aplicarle un correctivo proletario». Tal como explicó más adelante al juez uno de los acompañantes de Höhler, «un correctivo proletario se aplica sin armas, solo con los puños; eso sí, de modo que la persona en cuestión acaba en el hospital». Por si acaso, Höhler llevaba pistola.

Llamaron a la puerta y abrió el propio Wessel. Según declaró Höhler en el juicio: «Vi que se llevaba la mano al bolsillo del pantalón y de inmediato pensé: me quiere liquidar. O él o yo». La bala perforó la mandíbula de Wessel, le desgarró la arteria carótida externa y se incrustó en una de las vértebras cervicales. Seis semanas después, al amanecer del domingo 23 de febrero de 1930, Wessel murió en el hospital de Friedrichshain. La autopsia certificaba: «Muerte por septicemia a consecuencia de un disparo en la boca».

Pocos días antes de morir, Wessel había recibido la visita de su jefe, el *Gauleiter* de Berlín. Esa misma noche, Joseph Goebbels anotó en su diario: «Como una novela de Dostoyevski: el idiota, el obrero y la ramera. Esta es la vida de este iluso soñador de veintidós años». Al día siguiente de la muerte de su empleado, Goebbels escribió en *Der Angriff*: «Un joven enseña a nuestro movimiento cómo se puede morir y, si es necesario, cómo se ha de morir». Siguió poco después otro artículo en el que ensalzaba a Wessel como «santo patrón del nacionalsocialismo», anunciaba a sus seguidores la «pronta resurrección de la sangre de la cruz gamada» y establecía como directriz del movimiento promover el culto a Horst Wessel, de tal forma que «una de las mayores aspiraciones de sus miembros sea morir por el partido».

En el entierro, un grupo de camaradas de Wessel recitó el poema «¡Izad las banderas!» al compás de la melodía de una antigua balada marinera. A partir de ese día, la marea parda tomó la costumbre de desfilar por las calles de Berlín entonando el *Horst Wessel Lied.* Marchaban envalentonados, porque percibían un apoyo creciente entre el público que los observaba desde las aceras. Poco a poco, fue aumentando también el número de afiliados y simpatizantes del NSDAP, el número de aquellos que estaban hartos de la democracia, que acusaban a la República de Weimar de la crisis económica, del caos y de la anarquía.

El 27 de marzo de 1930, un mes después del entierro de Horst Wessel, se cumplió el augurio de Graf Kessler: tras desmoronarse la Gran Coalición, el presidente Paul von Hindenburg se vio obligado a convocar nuevas elecciones; serían el 14 de septiembre. Los partidos tenían por delante casi seis meses de campaña electoral.

Para los nazis era una buena oportunidad de mejorar el 2,6 por ciento de votos obtenidos en las elecciones de mayo de 1928. Hitler estaba muy satisfecho con el trabajo de su *Gauleiter* en Berlín. En poco más de dos años, Goebbels había impulsado de forma espectacular el movimiento nazi en la capital. No solo estaba disputándole con éxito las calles al *Rotfront,* sino que por primera vez había logrado una representación en el Ayuntamiento (desde noviembre de 1929, Berlín tenía trece concejales del NSDAP). Así que, pocas semanas después de la convocatoria de nuevas elecciones, convencido de su capacidad de movilización, Hitler decidió ascender a Goebbels a jefe de propaganda del partido. Él sería el responsable de coordinar la campaña electoral.

Goebbels se volcó en la tarea con su empuje habitual. Pasó unos meses vertiginosos: diseñó personalmente carteles y panfletos, escribió infinidad de artículos y organizó mítines por toda Alemania. Aprovechando la crisis económica que azotaba el país, escogió el lema «Trabajo y pan». Su intención era que el partido diera un salto en cantidad y calidad: «Ya no somos solo meros agitadores, ahora empezamos a hacer aquí y allá política con mayúsculas, esto es, política con sentido de Estado». Para ello, planteó una estrategia que consistía en incrementar poco a poco la intensidad de la campaña, acelerar el ritmo a mediados de agosto e «irrumpir en las elecciones como una marea arrolladora».

La ola final rompió el 10 de septiembre. Ese día, el NSDAP convocó un mitin en el Palacio de los Deportes de Berlín. La idea era escenificar un acto de protesta contra los «responsables de la bancarrota política, económica y moral del país». Desde el púlpito, Adolf Hitler clamaba contra «el capitalismo y las altas finanzas» y exigía que se impusiera la «voluntad del pueblo». El Palacio de los Deportes estaba abarrotado de un público enfervorizado, la policía había tenido que cerrar las puertas una hora antes del comienzo. Miles de personas se quedaron fuera. (Un comentarista ingenuo —o cínico— escribió que la numerosa asistencia se debía a que, con la crisis, el único espectáculo barato que les quedaba a las masas eran los mítines políticos; ya no se podía ir ni al cine.)

Cuatro días después, el 14 de septiembre de 1930, el NSDAP se convirtió en la segunda fuerza política del país, solo superada por los socialdemócratas. Obtuvo el voto de más de seis millones de alemanes, lo que suponía un total de 107 diputados. Con el 18 por ciento, mejoraba en quince puntos el resultado de las elecciones anteriores. También en Berlín, la «Babilonia roja», el partido nazi logró un resultado muy aceptable: el 14,7 por ciento, la tercera fuerza detrás de socialdemócratas y comunistas. En apenas dos años, los nazis habían multiplicado por diez el número de votantes en la capital; de 39 000 a 395 000.

Buena parte del éxito logrado en Berlín se debió al periódico *Der Angriff*. En aquellos años, la prensa podía decidir unas elecciones, sobre todo en las grandes ciudades. La radio aún no había adquirido el rango de medio de comunicación de masas, y el debate político se dirimía en los diarios que voceaban los vendedores desde las esquinas. El partido nazi contaba con un órgano oficial, el *Völkischer Beobachter* («El observador del pueblo»), que había sido fundado en diciembre de 1920 y se publicaba en Múnich. En julio de 1927, pocos meses después de ser nombrado *Gauleiter*, Goebbels decidió crear su propio periódico para la región de Berlín. Lo llamó *Der Angriff*, que en español significa «El Ataque». El título era programático, porque, más allá de transmitir la ideología del movimiento, Goebbels inició con *Der Angriff* un tipo de periodismo agresivo que utilizaba la injuria y la difamación como armas (y para el que se creó el término «periodismo de revólver»). Que las injurias acabaran ante el juez formaba parte de la estrategia. Durante la campaña electoral, Goebbels salió en más de una ocasión del juzgado entre ovaciones y a hombros de sus incondicionales. Una magnífica propaganda.

En las páginas de *Der Angriff* Goebbels tenía absoluta libertad para combatir a esa prensa rival que —un ejemplo de periodismo de revólver— solía estigmatizar con el término *journaille* (combinación entre «periodista» y «canalla»). Y disponer de un periódico propio era además una forma de resarcirse del daño infligido por la intelectualidad izquierdista y judía. De hecho, tras el éxito en las elecciones de septiembre de 1930, Goebbels se impuso como objetivo intensificar la *Kulturkampf* contra ese odiado mundo que lo había despreciado. Había visto llegado el momento de trasladar el éxito político de las urnas al ámbito de la cultura.

Para ello necesitaba aliados. El primero que encontró fue Arnolt Bronnen. Sí, el amigo de Brecht. Claro que ya no era amigo de Brecht. Ni tampoco iba al Romanisches Café. No habría sido bien recibido; él, que llegó a ser uno de los clientes más fieles, numerario en la mesa de Brecht e íntimo suyo, hasta el punto de que los llamaban los «dramaturgos gemelos». Pero las cosas habían cambiado mucho.

Arnolt Bronnen fue un personaje singular (no se me ocurre un adjetivo mejor). Vienés de origen, a comienzos de los años veinte se había trasladado a Berlín para probar fortuna, como tantos otros jóvenes con inquietudes literarias. Trabajó de dependiente en el Kaufhaus des Westens, el centro comercial más grande de Europa, mientras por las noches escribía obras de teatro. Con la primera de ellas, *Parricidio* (1922), irrumpió de la nada en la escena berlinesa. Era una obra de tintes autobiográficos que tematizaba la traumática relación con su padre, alcohólico y violento; al final del drama, el hijo protagonista sufre un orgasmo al morir su progenitor.

La segunda obra, *Excesos* (1923), comienza con la protagonista bajándose las bragas y pidiendo ser sodomizada por un macho cabrío. Al escándalo se sumó la ya habitual desavenencia entre los dos críticos estrella: Alfred Kerr la calificó de «las marranadas de siempre», mientras Herbert Ihering la celebraba como una «grandiosa gresca que perdurará». No ha perdurado, como ninguna de las obras de Bronnen, pero sí que le ayudó a convertirse, mediada la década, en uno de los dramaturgos más prolíficos y exitosos de Berlín, por delante incluso de Ernst Toller y del mismo Bert Brecht.

Bronnen era un asiduo de los locales más sórdidos de la noche berlinesa. Vivía al límite y hacía proselitismo de su bisexualidad. Era además un agitador compulsivo con un exacerbado interés por llamar la atención. Ideológicamente se situaba en la izquierda radical y anarquista. Pero al Romanisches llegaba vestido como un dandi, con gafas de colores llamativos y trajes extravagantes.

A partir de 1927 Bronnen empezó a frecuentar cada vez menos el café, y un buen día se declaró fascista. Renegó de su amigo Brecht y fundó el Teatro Épico del Frente Nacional. Poco después publicó *O.S.*, una novela que ensalzaba la lucha de los grupos paramilitares en las revueltas de Silesia. Tucholsky la tachó en *Die Weltbühne* de «infamia simiesca»; Goebbels escribió en *Der Angriff*: «*O.S.* es un libro que parece escrito por todos nosotros». Casi de la noche a la mañana, Bronnen se había convertido en uno de los intelectuales bandera del fascismo.

El 16 de octubre de 1930, un mes después del éxito nazi en las urnas, Arnolt Bronnen organizó una cena con varios de sus colegas escritores. Uno de ellos llegó acompañado de Joseph

Goebbels. Esa misma noche, Goebbels escribió en su inseparable diario (tal vez abuse del diario de Goebbels; pero, aparte de un documento escalofriante —y fascinador—, es una fuente imprescindible para conocerlo a él y para entender la época):

> Por la noche, en casa de Bronnen. Reunión de literatos. El que mejor me cae es el propio Bronnen. Habla claro y no es tan vanidoso como los otros. Los peores son [Ernst] Jünger y [Franz] Schauwecker. Casi insoportables. No encajan, son incapaces de integrarse. Pero necesitamos sus plumas afiladas. Quiero hacer con ellos una sección de cultura en mi periódico, una sección radical... Literatos: de pensamiento radical, pero flojos a la hora de actuar.

Salvo Bronnen. En realidad, el motivo por el que Goebbels acudió a la reunión no era solo buscar colaboradores para la sección cultural de *Der Angriff:* Bronnen, a quien había conocido pocas semanas antes, le había informado de que planeaba reventar la conferencia de Thomas Mann prevista para el día siguiente.

El acto se celebró en la sala Beethoven de la Academia de las Artes de Berlín. Su título era «Discurso alemán. Un llamamiento a la razón». Thomas Mann, que había ganado el Premio Nobel un año antes, quería expresar su rechazo al nacionalsocialismo y apelar a la mesura de sus compatriotas y a la cordura de los políticos. Su propuesta era que los partidos moderados apoyaran al SPD, el partido mayoritario, para contrarrestar juntos el ascenso de los nazis.

En medio de la conferencia se empezaron a oír cuchicheos entre el público. (Goebbels había infiltrado a veinte miembros de las SA enfundados en esmóquines de alquiler.) A partir de entonces, cada vez que Thomas Mann clamaba contra el fascismo, en la sala sonaban silbatos y bocinazos. Los seguidores de Mann contraatacaron con aplausos y gritos de apoyo al conferenciante, lo que dio pie a un intercambio de insultos y empujones. Alertada por los organizadores, la policía sacó de la sala al principal saboteador, Arnolt Bronnen. Lo identificaron por sus gafas azules de diseño. Thomas Mann prosiguió la conferencia a duras penas. Cuando terminó, su amigo el músico Bruno Walter se lo llevó en volandas por la salida de emergencia.

El violento *happening* fue muy comentado en la prensa del día siguiente. El *Berliner Tageblatt,* por ejemplo, se hacía eco del «sabotaje de la columna explosiva-intelectual». Goebbels estaba otra vez exultante. La nota de su diario decía: «Nuestros hombres le han escupido a la cara a Thomas Mann, que en su conferencia nos ha insultado de forma vergonzosa: ¡nos ha llamado bárbaros!». Tenía motivos para estar satisfecho. Había amedrentado a uno de los intelectuales más emblemáticos y con mayor proyección pública, y había constatado que la *Kulturkampf* podía ser un excelente medio de propaganda. Y que contaba con el aliado perfecto.

Muy pronto se les iba a presentar a Goebbels y a Bronnen la oportunidad de llevar a cabo una acción similar: la Universal de Hollywood acababa de rodar la versión cinematográfica de la novela *Sin novedad en el frente,* y en Berlín ya se empezaban a ver carteles que anunciaban su estreno para unas semanas antes de Navidad.

Erich Maria Remarque ya no necesitaba entrevistar a boxeadores ni escribir crónicas deportivas para el *Sport Bild.* Ni tampoco redactar folletos publicitarios de neumáticos Continental.

Porque su novela se había convertido en el mayor éxito editorial de la historia del país.

Sin novedad en el frente salió primero por entregas —del 10 de noviembre al 9 de diciembre de 1928— en el *Vossische Zeitung*. Pero no era una novela de folletín al uso, sino un crudo relato bélico que parecía deleitarse en referir horrores:

> Granadas, nubes de gas y flotillas de tanques; trituración, corrosión, muerte. Disentería, gripe, tifus. Estrangulamiento, quemaduras, muerte. Trincheras, enfermería, fosa común. No hay más opciones.

En enero de 1929, *Sin novedad en el frente* se publicó en forma de libro. La editorial Ullstein encargó imprimir en varios periódicos una escueta frase publicitaria: «La verdad sobre la guerra». El lanzamiento hacía hincapié en que se trataba de una novela escrita por alguien «que estuvo allí», alguien por tanto capaz de ofrecer un relato persuasivo y verosímil de lo que aconteció en las trincheras. Fue una buena estrategia: en dos meses, la trágica historia del soldado Paul Bäumer y sus compañeros de pupitre vendió quinientos mil ejemplares. A finales de año alcanzó el millón.

Pero resucitó fantasmas. Los nostálgicos del káiser y los sectores nacionalistas reaccionaron con alarma ante un libro que, a sus ojos, ponía en duda la versión de «la puñalada en la espalda». No podían admitir una novela bélica en la que el héroe, en vez de morir una muerte heroica, caía alcanzado por una bala perdida cuando abandonaba la trinchera para coger una flor. Para ellos, empeñados en perpetuar la glorificación de la derrota, *Sin novedad en el frente* amenazaba con ablandar el patriotismo de la juventud y echarla en manos del pacifismo. De ahí que acusaran a la novela de no ser más que una sarta de mentiras en boca de alguien que apenas había estado seis semanas en el frente, un libro escrito desde una «perspectiva de letrina», según uno de sus reseñadores. Muy pronto, las críticas se personalizaron en la figura del autor: un frívolo gacetillero que había afrancesado su apellido —Remarque había cambiado el original, Remark, en honor a sus antepasados franceses—, un charlatán vividor y mujeriego que se dejaba ver en el Romanisches Café con pajarita y copa de champán. La antítesis de un héroe alemán.

La campaña de desprestigio fue contrarrestada por el movimiento antimilitarista, los sindicatos y los partidos de la izquierda. La mayoría de ellos recibió la novela con entusiasmo, y hubo incluso políticos que exigieron que *Sin novedad en el frente* fuera lectura obligatoria en las escuelas. Cierto que tampoco faltaron voces discordantes; desde el lado comunista se criticó a Remarque por haber obviado las causas políticas y económicas de la guerra, y también por no participar en el debate: Remarque, que se declaraba apolítico y vivía abrumado la repercusión del libro, guardó silencio en todo momento. La prensa liberal, con el *Berliner Tageblatt* y el *Vossische Zeitung* a la cabeza, se sumó a la defensa de la novela. Y entre los intelectuales progresistas hubo aprobación mayoritaria, si bien alguno, como Tucholsky, se distanció del celebrado mensaje del libro y afirmó que había sido la «increíble estupidez de la derecha» lo que acabó dándole un «aire pacifista».

Al final, la balanza se inclinó del lado de los remarquistas. Un ufano Stefan Zweig escribió a su amigo y también escritor Romain Rolland: «Este libro sencillo y veraz ha sido más eficaz que toda la propaganda pacifista de los últimos diez años». Y en un artículo publicado en la revista del Partido Conservador Popular (KVP), su autor, el periodista Roman Hoppenheit, llegaba a la conclusión de que: «El caso Remarque ha acabado degenerando en una derrota político-cultural de toda la derecha».

El artículo de Roman Hoppenheit salió el 13 de julio de 1929. Es muy posible que Goebbels lo leyera, y que el comentario sobre la derrota de la derecha le indujera, por fin, a comprar la novela. De hecho, Goebbels leyó *Sin novedad en el frente* apenas unos días después. La devoró en tres sesiones, y detestó cada página que pasaba. Su apunte del 21 de julio: «Un libro infame y corrosivo. Pero ya está hecho y por eso es peligroso». El día 2 de septiembre, *Der Angriff* incluía una reseña anónima que acusaba a *Sin novedad en el frente* de «glorificar al subhombre» y de «insultar al pueblo alemán».

Goebbels llegó tarde al debate sobre la novela. Pero no iba a dejar pasar la oportunidad que le brindaba, un año después, el estreno de la versión cinematográfica. La discusión se prometía aún más virulenta, por la mayor repercusión del medio. El cine era ya un instrumento de gran influencia en la psicología de masas. Más adelante, como máximo responsable de la industria cinematográfica del Reich, Goebbels haría uso de ello infinidad de veces. Ahora se trataba de evitar que lo hicieran sus adversarios políticos.

La tarde del jueves 4 de diciembre de 1930, Goebbels se citó con Bronnen para ultimar los pormenores del nuevo sabotaje. A la cita acudió también Olga Förster-Prowe, la prometida de Bronnen y amante de Goebbels. (Una explicación: meses antes, nada más conocerla de la mano de Goebbels, Bronnen se había enamorado de Olga Förster-Prowe, una actriz que solía animar, cantando y bailando, los mítines del *Gauleiter* de Berlín. Se prometieron y el 17 de diciembre acabaron casándose. Según declaró años más tarde la hija de ambos, Barbara Bronnen, su madre le confesó que había pasado la noche de bodas en la cama de Goebbels. Me parece oportuno dejar constancia de un triángulo amoroso que sobrepasa lo meramente anecdótico y ayuda a entender la compleja relación entre Bronnen y Goebbels.) Poco después se unieron al encuentro Joseph Münchmeyer, portavoz del NSDAP, así como los miembros del «comando itinerante», todos ellos diputados del partido nazi. La idea de Goebbels era servirse de la inmunidad parlamentaria en caso de ser detenidos.

Esa misma tarde, a la misma hora de la reunión, se estrenaba en Berlín la película *All Quiet on the Western Front.* El estreno, en la sala Mozart de la Nollendorfplatz, transcurrió sin mayores incidencias. La crítica del día siguiente reprodujo el debate que ya había suscitado la novela: elogios de los diarios liberales y progresistas, y rechazo por parte de la prensa monárquica-conservadora y de la derecha radical. («Un insulto», escribía el *Germania;* «Una película lamentable», titulaba el *Neue Preußische Kreuzzeitung.*)

La tarde del segundo día de proyección, el 5 de diciembre, en la sesión de las siete, la sala estaba de nuevo abarrotada. El comienzo fue tranquilo. Pero, cuando apareció en la pantalla la primera escena bélica —un ataque de granadas de los franceses—, se oyó un grito: «¡Y esto lo tenemos que tolerar los alemanes en la mismísima Alemania!». Era la señal. El «comando itinerante», distribuido por toda la sala, empezó a vocear: «¡Es una vergüenza!». El encargado de proyección elevó el volumen para neutralizar el creciente alboroto. Fue en vano. El vocerío subió de tono, se oyeron insultos, unos pocos asistentes se enfrentaron a los alborotadores, los increparon, se encendieron las luces y se interrumpió la proyección. En ese momento, Goebbels y Münchmeyer se levantaron y se dirigieron al público: «¡Es una vergüenza...!». Alguien les dijo que cerraran el pico, hubo forcejeos, se oyó un gong, se apagaron las luces, el operador volvió a subir el volumen, se oyó otro gong, los agitadores lanzaron bombas de humo, bombas fétidas, llegaron los *tschakos* con la porra en la mano, se subieron al estrado, trataron de poner orden, la mayoría parecían perdidos, dos de ellos protegieron a Goebbels (más adelante se amonestó a 127 agentes que se habían negado a participar en la acción contra los nazis), creció la tensión, el aire se hacía irrespirable, y entonces, varios miembros de las SA abrieron sus zurrones, sacaron unas cajitas de cartón y liberaron a los ratoncitos blancos que había dentro, decenas, cientos de ratoncitos blancos que empezaron a corretear por la sala mientras los espectadores se subían a los asientos, chillaban, el caos era completo, la policía apremiaba a desalojar el recinto, dos miembros del «comando itinerante» se dirigieron a las taquillas, amenazaron a las cajeras, rompieron los cristales y se llevaron la recaudación.

En la calle esperaba Bronnen. Carecía de inmunidad parlamentaria y había preferido mantenerse al margen. Pero él había sido el cerebro de la voladura (aunque corrió la voz de que la idea de los ratones fue de Olga Förster-Prowe; el día de su boda con Bronnen, el periodista Heinz Pol se refirió a ella como «la reina madre de los ratones blancos»). Años después, Bronnen definiría su forma de actuar durante aquellas semanas como «catastrófica-infantil», y se jactaría de haber inspirado a Goebbels la «acusada fantasía dramatúrgica» con que ejercía la política.

El sabotaje de *Sin novedad en el frente* fue un golpe de efecto aún mayor que el de la conferencia de Thomas Mann. Porque esta vez los nazis lo habían planteado como un órdago al gobierno de Weimar. Y ganaron: el revuelo fue tan grande que las autoridades, incapaces de controlar los disturbios, acabaron prohibiendo la película.

El 12 de diciembre de 1930, Goebbels escribió en *Der Angriff:* «Remarque está liquidado. Podemos certificar que por primera vez hemos logrado que la democracia de asfalto doblegue las rodillas en Berlín».

ASFALTO
1931

Desde la terraza del Romanisches Café se podría haber visto el camión conducido por el fanático islamista que dejó el asfalto berlinés teñido de sangre y caucho. Fue el 19 de diciembre de 2016. Ha pasado más de un año, y ya no hay rastro ni de la barbarie ni del mercadillo navideño. Y tampoco queda rastro del Romanisches Café. La Royal Air Force lo bombardeó la noche del 22 al 23 de noviembre de 1943.

Durante muchos años no hubo allí más que un solar de usos diversos: números de circo, espectáculos de lucha libre y un podio de madera para sermoneadores mesiánicos. Más adelante se alzaron unos barracones provisionales que acogieron puestos de comida rápida y una sala de cine X, lo que llevó a un diario local a calificar el lugar de «mancha deshonrosa en la tarjeta de visita de Berlín».

A comienzos de los sesenta, Karl Heinz Pepper, un acaudalado constructor berlinés, decidió limpiar el solar y cubrirlo con un inmueble de moderna arquitectura que albergara oficinas y un centro comercial. Contó con el apoyo del Ayuntamiento, interesado en construir edificios «a la americana» que mostraran la pujanza de la ciudad y los valores de Occidente en plena Guerra Fría. El resultado, inaugurado el 2 de abril de 1965 por Willy Brandt, entonces alcalde de Berlín, fue un imponente cajón de ciento tres metros de cristal y aluminio coronado por la estrella de Mercedes. Como para simbolizar que en Berlín Oeste no reinaban la hoz y el martillo.

El Europa Center ha sido declarado monumento de interés nacional. Supongo que como testimonio de la arquitectura de la época, porque desde el punto de vista estético no acaba de convencer. En esto no desentona con la nueva faz de la Ku'damm. Aunque la vieja tampoco era mejor. Hace años me topé con un berlinés sensible a su historia local que me soltó la manida frase: «La Ku'damm ya no es lo que era antes de la guerra». Me lo creí. Pero luego me di cuenta de que se dejaba llevar por evocaciones teñidas de falsa nostalgia. Y es que la Ku'damm nunca fue Broadway, ni los Champs-Élysées, ni la avenida Nevski. Siempre careció de fisonomía propia y de diseño definido. Cierto que no le faltaba encanto, y lo sigue teniendo hoy día. Mucho. Aunque solo sea el encanto de lo abigarrado, de las cosas acumuladas al azar y cuya concordancia ha de establecer o imaginar el espectador.

En verano, la Ku'damm está llena de colorido, de caos, de vitalidad. Los plátanos lucen frondosos y el tráfico fluye intenso (hay que tener más cuidado con las bicis que con los coches). La acera es un hervidero de gente, y llegará el día en que algún vecino cuelgue del balcón ese cartel ya popular en otras ciudades abrumadas por el éxito: «*Tourists are not welcome*».

En invierno, dispensa luz y calor. El invierno en Berlín sí que es tan cruel como su fama. Oscurece pronto y sopla un viento gélido que viene de Polonia. Así que una buena forma de combatir el frío y la falta de luz es venir a la Ku'damm, darse un baño de masas, restregarse con la muchedumbre, dejarse cegar por esas luces de neón que tanto molestaban al antiamericano Goebbels, entrar luego en alguno de sus muchos teatros, sentarse en una mullida butaca —la mayoría de color fucsia— y aplaudir a rabiar. Por ejemplo, en el Theater am Ku'damm, donde se estrenó *Bei uns um die Gedächtniskirche rum*, y que sigue siendo el teatro más visitado de Berlín. Todos los meses de enero ofrece un espectáculo titulado *Kabarettistischer Jahresüberblick*, un repaso satírico, con canciones e historietas, de la política del año anterior. Nunca faltan temas.

Claro que uno también puede quedarse en el cómodo sofá de su casa, o del hotel donde se hospeda, y enfrascarse en un buen libro que hable del Berlín de aquellos años dorados y turbulentos. Sin duda, el más recomendable es *Berlin Alexanderplatz*, la obra maestra de Alfred Döblin, publicada en 1929. Fue la primera novela urbana de la literatura alemana. Lo mismo que habían hecho Andréi Bely con San Petersburgo, James Joyce con Dublín y John Dos Passos con Nueva York, lo hizo pocos años después Döblin con Berlín: convertir la ciudad en protagonista. En su caso, una ciudad pandemonio en la que naufraga el desdichado jornalero Franz Biberkopf. No hay mejor manera de hundirse en el submundo del Berlín de los años veinte.

Otra buena opción es la novela de Gabriele Tergit *Käsebier erobert den Kurfürstendamm* («Käsebier conquista la Kurfürstendamm»). Fue publicada a comienzos de 1931 y se convirtió en el indiscutible superventas de aquel año. No alcanza la calidad literaria de *Berlin Alexanderplatz*, pero tiene la ventaja de que, por el ámbito geográfico en que se desarrolla, encaja mejor en esta crónica. Además, el Romanisches Café es uno de los escenarios de la novela:

> El Romanisches Café está muy sucio. En primer lugar porque, a pesar de sus grandes ventanales, siempre está lleno de humo, tal como corresponde a una morada del espíritu; en segundo lugar, por los malos modales de sus clientes, que continuamente tiran al suelo colillas y restos de tabaco; y, en tercer lugar, debido a la inaudita concurrencia. Porque este café es un hogar. [...] A Berlín llega gente para buscar trabajo, hacer música, películas, para pintar, hacer teatro, escribir, dirigir un espectáculo, esculpir, vender coches, cuadros, un solar, un inmueble, alfombras, antigüedades, para abrir un comercio, una zapatería, una tienda de ropa, una perfumería, para pasar hambre y para estudiar. Todos ellos se encuentran en el Romanisches Café, primero en el sector de no nadadores, y luego en el de nadadores. Conversan y se pelean entre sí.

El cuadro que nos ofrece Tergit del café es exagerado y paródico —toda la novela lo es—, pero esconde mucha verdad. Confirma que el Romanisches atraía a muchas personas en busca de trabajo —sobre todo del este de Europa—, ya fuera como periodista, cineasta o representante de alfombras. Y deja también entrever que, aunque seguía imparable el flujo de visitantes, se había iniciado ya una cierta decadencia, si no deterioro. Un hecho que se debe achacar tanto a la crisis como al agotamiento natural; en el año 1931, el café había sobrepasado su cénit como icono cultural de Berlín.

Algunas de sus viejas glorias ya no lo frecuentaban. Brecht, por ejemplo, pasaba cada vez más tiempo en el cercano y discreto local Schwannecke. Else Lasker-Schüler tampoco iba ya mucho, aunque el motivo era que, desde la muerte por tuberculosis de su hijo Paul, rehuía la vida social. Otra de las almas del café, Egon Erwin Kisch, andaba embarcado en viajes cada vez más largos, por China, la Unión Soviética y los

Estados Unidos, que lo mantenían alejado de Berlín la mayor parte del año. Joseph Roth había encontrado en la Mampes guter Stube, en el número 14 de la Ku'damm, un sitio más adecuado para redactar su novela *Radetzkymarsch*. Otto Dix había aceptado una cátedra en la Academia de Arte de Dresde. Billy Wilder y Robert Siodmak seguían en Berlín, pero Fred Zinnemann y Edgar G. Ulmer ya se habían ido a Hollywood. Y la mesa de los pintores había quedado diezmada por motivos de edad y salud: Max Liebermann sobrepasaba los ochenta años y Max Slevogt estaba muy enfermo (moriría un año más tarde). A pesar de ello, el café mantenía su poder de convocatoria entre artistas e intelectuales, y era también una «morada del espíritu» para las nuevas caras que aparecían en escena. Como Gabriele Tergit.

En la foto que salió de ella en la prensa, con motivo de la promoción de su novela, se la ve vestida a la moda y, cómo no, con el pelo cortado a lo *bubi*. Exhibe una sonrisa entre encantadora y traviesa, y tras las gafas de concha, grandes y redondas —las había popularizado Harold Lloyd—, se adivina la mirada de la chica más lista de la clase.

Lo había sido. Primero en la Alice-Salomon-Schule, una escuela progresista y promotora de la educación igualitaria entre los sexos, y luego en la universidad, donde estudió Historia, Sociología y Filosofía y se doctoró con una tesis sobre el científico y político liberal Carl Vogt. Para llegar hasta allí Tergit tuvo que luchar contra los prejuicios de la sociedad y la oposición de su padre, un rico industrial berlinés de origen judío —que también se había opuesto a que su hija estudiara en la Alice-Salomon-Schule; pero la madre se impuso—. En esos años universitarios, Tergit publicó su primer artículo, una crónica de su año de servicio femenino durante la guerra. Lo firmó con pseudónimo: en realidad se llamaba Elise

Hirschmann; Gabriele era su nombre favorito y Tergit, un anagrama de *Gitter*, «reja» en alemán (¿una forma de romper las rejas de la cárcel?). Siguieron más artículos, reportajes y folletines. La mayoría eran de costumbrismo local y estaban plagados de frases que Tergit recogía al vuelo en las calles, en los cafés, en los cabarets… Era una berlinesa de pura cepa, conocía bien a sus conciudadanos y dominaba su dialecto.

Una mañana de comienzos de 1923, Tergit se puso una falda larga, se recogió el pelo y enfiló la Turmstraße en dirección al juzgado criminal de Berlín-Moabit. El juzgado ocupaba un edificio neobarroco, monumental, con un enorme vestíbulo y una enorme escalinata que conducía a los pisos superiores. Allí, a lo largo de pasillos infinitos, se alineaban las oficinas y las salas de juzgado donde trabajaban más de novecientos funcionarios.

Cohibida por el escenario, Tergit subió la enorme escalinata y abrió tímidamente la puerta de una de las salas: en seguida notó cómo se alzaban las cejas del juez, del fiscal, del abogado defensor, de los acusados… («Un lugar de hombres», escribiría más adelante.) Se asustó un poco y decidió no sacar el bloc de notas para no llamar la atención.

De vuelta en su casa, por la tarde, Tergit redactó de memoria su primera crónica de tribunales. Logró publicarla en el *Berliner Börsen-Courier*. Le pidieron más y regresó al «lugar de hombres», esta vez ya con el bloc en la mano.

La incipiente periodista llamó la atención de Theodor Wolff, el director del *Berliner Tageblatt*, quien le ofreció ser la reportera judicial del diario: quinientos marcos mensuales a cambio de nueve crónicas. Era mucho trabajo, pero estaba bien pagado. En realidad, era una oferta magnífica.

Las crónicas que escribió Tergit en esos años causaron sensación. Y eso que rehuía los casos espectaculares y evitaba todo tipo de sensacionalismo. Prefería ocuparse de los pequeños delitos cometidos por carteristas, vagabundos, prostitutas y criadas. No solo trataba de esclarecer sus motivos, la mayoría de las veces el hambre y la miseria, sino de comprender la psicología de unos delincuentes a quienes veía como víctimas. No se cansaba de clamar contra la crueldad e inhumanidad de la justicia, muy en especial contra esa ley del aborto que ya conocemos por el cartel de Käthe Kollwitz. A partir de lo que veía y oía en la sala del juzgado, Tergit construía pequeñas historias de la gente humilde, historias que se leían como un emocionante relato policial. Eso sí, barnizado de humanismo. Su estilo era directo, cercano. Y tenía talento para las frases impactantes: «El hacha revela pasión y brutalidad; para el revólver basta tristeza». «La mujer que mata odia; el hombre que mata ama». «En el crimen aparece en escena el individuo; en el proceso se refleja todo el mundo».

A finales de la década de los veinte, Gabriele Tergit era una de las periodistas más destacadas de Alemania. Seguía publicando artículos sobre crímenes —ahora también en la revista *Die Weltbühne*—, pero escribía cada vez más folletines, relatos de viajes y crónicas de sociedad que veían la luz bajo la rúbrica de *Existencias berlinesas*. Tergit era la reportera de los contrastes de la República de Weimar, de la cara sórdida y también de la glamurosa. Su obra periodística ofrecía una síntesis de la época. Y eso mismo tenía en mente cuando, en el verano de 1930, durante unas vacaciones en el mar Báltico, se puso a escribir *Käsebier conquista la Kurfürstendamm.*

La novela narra el ascenso a la fama y la posterior caída de un cantante de música popular. Georg Käsebier (apellido que combina las palabras «queso» y «cerveza» y que remite a un famoso bandolero alemán del siglo XVIII) es «descubierto» por un avispado periodista en un *Biergarten* a las afueras de Berlín. Gracias a una perfecta operación publicitaria, y con la ayuda financiera de un magnate de la construcción, Käsebier se convierte de un día para otro en una estrella del espectáculo. En torno a él se crea una verdadera industria mercadotécnica, con cigarrillos Käsebier y muñequitos Käsebier; incluso se proyecta un Teatro Käsebier en la mismísima Ku'damm. Al final, como consecuencia de la crisis económica y de las desavenencias entre los diferentes padrinos, todo se viene abajo. Käsebier, convertido en una pobre marioneta rubicunda y entrada en carnes, acaba retornando a los tristes escenarios de los suburbios.

En su libro de memorias *Etwas Seltenes überhaupt* («Algo realmente extraño»), publicado en 1983, Tergit dejó escrito que lo que pretendía con su novela era desentrañar en clave de humor los mecanismos de cultura de masas que empezaban a regir en aquellos años. Y que su principal propósito era denunciar la manipulación por medio de la publicidad y la propaganda. Y añadió luego que había tenido en mente a Joseph Goebbels, la persona que había alcanzado el mayor nivel de perfección, de perversa perfección, en ese campo.

En realidad, Goebbels podría haber encontrado motivos para que le gustara la novela; no en vano se burlaba de la burguesía y de la *intelligentsia* asentadas en la «ciénaga del pecado». Pero había un problema: su autora. Al día siguiente de que apareciera en la prensa la foto de Tergit con motivo de la campaña promocional, Goebbels escribió en *Der Angriff*: «Ahora ya conocemos a la miserable judía».

La «miserable judía» había empezado a trabajar para el *Berliner Tageblatt* pocos meses antes de que a Goebbels le denegaran la solicitud de empleo. Y en sus artículos no solo había denunciado varias veces la parcialidad de la justicia, implacable con los comunistas y condescendiente con la extrema derecha, sino que había alertado también de la creciente amenaza que suponía la marea parda. En uno de ellos había escrito:

> Ya no se trata de la acción aislada de una persona, de las eternas pasiones humanas, de una herencia, de la amante, de un niño; ahora se trata del propio acontecer: es la época la que se sienta en el banquillo de los acusados. Invisible y enorme se extiende ante el juez la cruz gamada.

A esto había que sumar que Tergit representaba un tipo de mujer que Goebbels aborrecía. La relación de Goebbels con las mujeres fue, digamos, ambivalente. Su complexión —bajito, extremadamente flaco y cojo— no ayudaba en exceso. Pero sabía seducir, tenía humor y, cuando no chillaba desde el púlpito, la voz le salía melosa.

Después de separarse de Else Janke, Goebbels había tenido numerosas aventuras. En Berlín, a medida que iba ascendiendo en el partido, disfrutaba de una cohorte cada vez mayor de admiradoras femeninas, la mayoría de ellas con trenzas y traje tirolés. Le rodeaba la erótica del poder, y las tentaciones eran muchas (una de ellas, la ya conocida Olga Förster-Prowe). Además, Goebbels era esclavo de sus instintos: «Mi eros está enfermo —reveló en su diario—, todas las mujeres me excitan hasta hacerme bullir la sangre. Las persigo como un lobo hambriento».

Goebbels dejó también constancia de su ideal de mujer. Lo hizo en *Michael. Un destino alemán en hojas de diario*, la novela que había comenzado en su juventud y que, una vez asentado como *Gauleiter*, publicó en Franz-Eher-Verlag, la editorial oficial del NSDAP. El libro es una mezcla de autobiografía y ficción que revela el germen de la ideología del autor y algunas de sus convicciones, por ejemplo, en lo que respecta al sexo femenino.

Al inicio del libro, cuando el protagonista y *alter ego* de Goebbels va a estudiar a Heidelberg, se enamora de una joven llamada Herta: «Una mujer maravillosa, silenciosa y recatada, de cabello rubio trigueño». Pero a Michael le enfurece que Herta estudie. Lo considera escandaloso:

> La mujer tiene la misión de ser bella y traer niños al mundo. Esto no es tan primario ni tan anticuado como suena. El ave hembra se acicala para el macho y empolla los huevos para él. A cambio, el macho se ocupa de la comida y ahuyenta a los enemigos.

Y cuando Herta le reprocha ser un reaccionario, la respuesta de Michael es:

> ¿Reaccionario? Eso es un cliché. Odio a las mujeres que hablan en voz alta, que siempre están entrometiéndose en todo sin entender nada. Se olvidan entonces de lo que es su verdadera tarea: educar a los niños. Si lo moderno significa lo innatural, si es la corrupción de las costumbres, la podredumbre de la moral y un continuo deterioro, entonces soy reaccionario a conciencia.

Gabriele Tergit se acicalaba para su marido —el arquitecto Heinz Reifenberg—, y acababa de empollar un huevo para él: el pequeño Peter. Pero también se ocupaba de la comida y luchaba por ahuyentar a sus enemigos. Y escribía para el gran público, esto es, no dejaba de alzar la voz y entrometerse.

No era la única. En este comienzo de la década de los treinta había en Alemania cada vez más mujeres que sacaban la máquina de escribir y tecleaban textos para la prensa, para las grandes editoriales, para los teatros y los cabarets. La mayoría habían nacido en Berlín, o recalado aquí imantadas por el atractivo de la capital. Eran las hermanas menores de Else Lasker-Schüler y se llamaban Irmgard Keun, Erika Mann, Lili Grün, Hilde Walter, Marieluise Fleißer, Anna Seghers o Mascha Kaléko. Varias de ellas, al igual que Gabriele Tergit, nos han dejado en sus libros testimonios del Romanisches Café: Irmgard Keun, amiga de Kurt Tucholsky y futura amante de Joseph Roth, situó allí algunas escenas de su novela *Das kunstseidene Mädchen* («La chica de seda artificial»); Lili Grün, fundadora del cabaret político-literario Die Brücke y colaboradora del *Berliner Tageblatt*, hizo lo propio en su libro *Alles ist Jazz* («Todo es jazz»); Mascha Kaléko, la más joven de todas, poetisa de la Nueva Objetividad, dedicó al Romanisches Café uno de sus más melancólicos poemas (lo leeremos en el capítulo final). El principal objetivo de estas escritoras era captar la experiencia de la metrópoli, de sus calles, de sus locales, y contribuir así a esa nueva corriente literaria que tan brillantemente había inaugurado Alfred Döblin: la literatura de la gran ciudad. O bien, por utilizar una expresión que se estaba imponiendo en esos días: la literatura de asfalto.

No está muy claro el origen exacto del término *Asphaltliteratur*. A finales del siglo XIX se usaba en círculos conservadores para criticar todas las tendencias modernas, en especial el naturalismo. Cuenta una anécdota que el emperador Guillermo II usó la expresión cuando presenciaba una obra del dramaturgo naturalista Gerhart Hauptmann; al concluir, anunció que nunca más volvería a pisar el palco.

A finales de los años veinte, los nazis recuperaron el término y acentuaron su connotación peyorativa. En contraposición a la *Heimatdichtung* —poesía nacional o de la patria—, la *Asphaltliteratur* designaba para ellos una literatura escrita por desarraigados urbanitas que, haciéndose eco de una moda degenerada y de origen extranjero, perseguían el perverso objetivo de alejar a los alemanes de sus raíces, de su pueblo. De ahí que se sirvieran también del término para contraponer la provincia sana y pura al corrupto y podrido Berlín, donde se hallaba el origen del mal. Richard Korherr, uno de los ideólogos nazis, lo expresó así en un artículo publicado en marzo de 1930:

> Un nuevo espíritu se ha apoderado de Berlín, un espíritu contra el que se debe alzar con furia bendita el resto de Alemania. Una literatura miserable, un arte lleno de muecas grotescas, una creciente «negrificación», una lucha contra la religión y contra el pueblo, contra todo lo sagrado de nuestra cultura, una ridiculización de cualquier ideal; todo esto es expresión de la degeneración del espíritu.

Los autores que fueron —o se sintieron— señalados como *Asphaltliteraten* contraatacaron ridiculizando la *Heimatdichtung* con expresiones igualmente peyorativas: «literatura del arado», «poesía de la gleba» o «escritos del terruño». Alfred Döblin, en un artículo de comienzos de 1931, se mofó de la *Heimatdichtung* con las siguientes palabras: «Hizo acto de presencia el provincianismo, el arte patrio, el arte de la gleba y del campo achaparrado; y alzó la voz desde su profunda y órfica oscuridad...». Poco después, Anton Kuh, el escritor que apenas escribía, se animó a publicar otro artículo titulado «Asfalto y gleba». En él afirmaba:

> La experiencia literaria nos enseña que existe un asfalto que, por lo menos en cuanto a la fuerza de su lenguaje, es más vivo y floreciente que un bosque o un prado; y que la floresta y el campo no son, en la mayoría de los casos, más que sendas empinadas que conducen al lugar común.

Más prosaico, Egon Erwin Kisch dijo que la *Heimatdichtung* se caracterizaba por «un nebuloso sentimentalismo y un entusiasmo casi místico hacia el propio linaje y la tierra patria». Para Kisch, se trataba de una literatura propia de «países donde reina la tiranía y se pisotea la libertad».

Pero los detractores de la *Heimatdichtung* no tuvieron mucho éxito más allá de los círculos y de las tertulias afines. Y tampoco lograron frenar la rápida difusión del término *Asphaltliteratur*. De hecho, los ideólogos nazis acabaron extrapolándolo a otros ámbitos, y pronto se habló de «cultura de asfalto», «democracia de asfalto», «prensa de asfalto» y «república de asfalto». Todo era asfalto para ellos. Los nazis convirtieron el destilado del petróleo que pavimentaba la ciudad en su insulto predilecto contra la odiada Babilonia roja.

Y el odio se concentraba, claro, en la Ku'damm, la calle que exhibía sin pudor una amalgama de comercio, espectáculo, diversión, vanguardia, cosmopolitismo, liberalidad y libertinaje. A lo largo de esta avenida que recorría y recorre el oeste de Berlín se alineaban las sedes de las boutiques de moda y tiendas de lujo, muchas de ellas en manos de judíos; allí estaban la mayoría de los cines, teatros, cabarets y locales nocturnos: el Gloria Palast, donde se había estrenado *El ángel azul* —«espantosa película», en dictamen de Goebbels—;

el Theater am Ku'damm, donde ahora se representaba *Ascenso y caída de la ciudad de Mahagonny* del comunista Brecht y del judío Weill; el Kabarett der Komiker, con sus números irreverentes e iconoclastas; el Nelson Theater, donde Josephine Baker, la Venus Negra, había ejecutado su baile lascivo apenas cubierta con un cinturón de plátanos. Y allí estaba también, ya en la desembocadura, en el número 238, el Romanisches Café, como una culminación y un compendio de toda la calle, con su suelo de baldosa lleno de colillas que los nazis odiaban tanto como el asfalto. En suma, que allí se aglomeraba todo lo que los nazis consideraban antialemán, degenerado e inmoral. En la jerga de *Der Angriff:* «En la Ku'damm se hacina el espíritu de la democracia de asfalto».

En otoño de ese año 1931, Goebbels decidió dar un nuevo escarmiento a la Ku'damm. Esta vez su principal aliado era Wolf Heinrich Graf von Helldorff, un aristócrata proveniente de una vieja familia de *Junkers,* los grandes terratenientes prusianos. Su currículum era rectilíneo: veterano de la Gran Guerra, combatió en varios *Freikorps* y participó en el fallido *Kapp-Putsch.* En 1930 ingresó en el NSDAP y un año después, a petición de Goebbels, ya era jefe de las SA en Berlín.

Eligieron el 12 de septiembre. No por casualidad: ese día los judíos celebraban el Rosh Hashaná, la festividad de Año Nuevo. Hacia el atardecer, a la hora punta y aún a plena luz, empezaron a congregarse en la Ku'damm miembros de las SA. Poco a poco, más de mil quinientos voluntarios fueron mezclándose entre los viandantes; iban vestidos de civil, con las porras y los puños de acero ocultos bajo la ropa. A la voz convenida de «¡judíos de mierda!», empezaron a romper escaparates y a pegar a peatones que, a su juicio, tenían aspecto semita. Fueron dos horas de desmanes. Las dos horas largas que tardó la policía en intervenir.

Detuvieron a Wolf Heinrich Graf von Helldorff y a otros treinta miembros. En el juicio, los acusados declararon que querían «dar un escarmiento a la Ku'damm». Como era habitual, recibieron penas benévolas (Von Helldorff fue liberado poco después tras pagar una multa). Aunque en este caso fue también porque Goebbels había llegado a un trato con el nuevo canciller, el conservador Heinrich Brüning: a cambio de no sabotear la inminente visita del ministro de Asuntos Exteriores francés, se le prometió que los jueces serían indulgentes con los responsables de los disturbios.

Doy un salto en el tiempo para cerrar este capítulo. El abogado que defendió a los nazis en ese juicio, Roland Freisler, acabó haciendo carrera en el Tercer Reich. En enero de 1942, asistió como asesor jurídico a la Conferencia de Wannsee, en la que se acordó el exterminio de los judíos. Poco después, Hitler lo nombró presidente del Tribunal del Pueblo, el máximo órgano judicial del Tercer Reich. Ejerciendo este cargo, le tocó dictar sentencia en el juicio contra los organizadores de la Operación Valquiria, el complot fallido contra Hitler el 20 de julio de 1944. Más de setecientas personas fueron llevadas al banquillo, entre ellas el diplomático Adam von Trott zu Solz. Freisler era conocido no solo por sus sentencias draconianas, sino también porque, al dictarlas, se regodeaba en humillar a las víctimas. Al llegar el turno de Adam von Trott, Freisler, con una voz que casi rompe los micrófonos, calificó al acusado de «criatura de la Kurfürstendamm». A continuación pasó a definir lo que entendía por ello: «Una triste figura tanto en cuerpo como en espíritu, tanto en la actitud vital como intelectual; el prototipo de intelectual ingeniosillo, desarraigado y sin carácter del Romanisches Café». No se le ocurrió insulto peor.

EL CUADERNO ROJO
1932

En la balda superior de la estantería justo a la izquierda de mi escritorio domina el color rojo ladrillo. Ahí se apilan los dieciséis tomos de *Die Weltbühne*. Se los compré a un anticuario por cincuenta euros. Pero valen una fortuna. El primer tomo corresponde al año 1918, está impreso en letra gótica y es bastante delgado; aún no había acabado la guerra. A partir de ahí, con la tipografía moderna, los tomos van engordando progresivamente hasta que, en 1924, alcanzan un grosor estandarizado: en torno a las dos mil páginas. El último tomo es, de nuevo, fino. No llega a las cuatrocientas páginas. Corresponde a 1933, el año en que la revista dejó de existir. Pero no adelantemos.

Die Weltbühne era la revista más leída y comentada del Romanisches Café. Cuando salía, los martes, se convertía en uno de los principales temas de conversación. Nada extraño, si tenemos en cuenta que muchos de los colaboradores eran o habían sido romanistas habituales: Kurt Tucholsky, Alfred Polgar, Klabund, Else Lasker-Schüler, Bertolt Brecht, Egon Erwin Kisch, Valeska Gert, Erich Kästner, Walter Mehring, Gabriele Tergit,

Erich Mühsam, Ernst Toller, Alfred Döblin, Anton Kuh, Walter Benjamin, Ödön von Horváth, Walter Hasenclever, Heinrich Mann… Más de un artículo de *Die Weltbühne* se discutió o se escribió aquí. Cuenta nuestro cronista oficial, Géza von Cziffra, que un día estaba hojeando la prensa en el Romanisches Café —medio vacío a esas horas de la mañana— y en la mesa de al lado se encontraba Kurt Tucholsky, delante de una hoja de papel y riendo para sus adentros.

—¿Tan divertido es lo que escribes?

—No, es muy triste, pero lo escribo divertido.

El artículo se titulaba «Un señor mayor ligeramente borracho». El protagonista, Anton, propietario de una verdulería, nos refiere su periplo por los mítines de diferentes partidos en vísperas de las elecciones de septiembre de 1930. Debido a que en los mítines se reparte cerveza gratis, regresa a casa algo tocado, por lo que recibe una buena tunda de Elfriede, su mujer; pero lo suficientemente lúcido como para sacar una conclusión: Alemania necesita «alguien como Max Schmeling» (ahora era ya campeón del mundo de boxeo).

Buena parte de la gracia del artículo reside en que está escrito en dialecto berlinés (Goebbels no se transcribe con las vocales largas del dialecto renano —«Goeeeebbels»—, sino como «Joebbels», que en alemán se pronuncia más o menos como nuestra i griega). Pero lo que pretendía Tucholsky con su habitual humor amargo era plasmar la impotencia de los partidos democráticos ante el avance nazi. Y el deseo de muchos Anton semejantes de ser regidos por «un hombre fuerte».

Tucholsky tenía una relación conflictiva con su país de origen. Y sentía también desapego por la época que le tocó vivir. Expresó ambos sentimientos en un poema titulado «Los desplazados»:

Se equivocaron, creo, al traernos al mundo,
tanto en el lugar como en el tiempo;
nos dejaron aturdidos, extraviados,
maldiciendo nuestra soledad.

Los que se equivocaron fueron el banquero judío berlinés Alex Tucholsky y su prima y mujer Doris. Y el lugar y el tiempo eran los responsables de que su hijo fuera alistado en abril de 1915 y tuviera que participar en la Gran Guerra. Tucholsky fue de los pocos que no cayeron en el entusiasmo bélico de buena parte de sus colegas de letras. Según confesión propia, sobrevivió a la contienda haciendo «todo lo posible por no pegar un tiro y por que no me lo pegaran». Para lograrlo sirvió primero en una columna de abastecimiento en Verdún (¿sería la de mi bisabuelo?; otra pregunta que nunca pude hacerle), luego como corresponsal de su compañía y más tarde como redactor de la revista castrense *Der Flieger*.

Cuando se firmó la paz, Tucholsky regresó a Berlín para dedicarse a escribir y a disfrutar de la vida, sus dos ocupaciones preferidas. Frecuentó los locales de moda, los teatros y, sobre todo, los cabarets. Se casó con la médica Else Weil, pero, fiel a la moral relajada de aquellos años, tuvo innumerables aventuras. Su mujer acabó perdiendo la paciencia: «Cuando llegó el momento de tener que trepar por encima de los cuerpos de sus amantes para llegar hasta mi cama, decidí separarme». Una de esas amantes, la periodista Lisa Matthias, corroboró esta faceta; en sus memorias escribió que Tucholsky era un «erotómano incapaz de mantener una relación». Un erotómano bajito, regordete, encantador y agudo en extremo. Además, como Brecht, escribía maravillosas baladas e ingeniosísimos cuplés, lo que le hacía especialmente atractivo para las principales actrices y cantantes de la época.

Pero escribir maravillosas canciones era solo una faceta de Tucholsky. En realidad, la mayor parte de lo que escribía incordiaba. Tenía una acusada conciencia política. Cuando se fundó *Die Weltbühne*, en 1905, la revista se llamaba *Die Schaubühne* («Escenario teatral») y se dedicaba sobre todo a la crítica de teatro. Fue Tucholsky quien convenció al director, Siegfried Jacobsohn, para que la abriera a todo tipo de temas. Así, a partir de 1918, la revista salió con el nombre *Die Weltbühne* («Escenario del mundo») y pasó a ocuparse también de la política, la economía, la sociedad y la cultura en general. Jacobsohn ejercía de director, de cerebro organizativo, pero el alma de la revista era Tucholsky. Él la dotó del carácter combativo que —sin renunciar a la calidad literaria— sería ya para siempre su marca distintiva. En un artículo escrito el 13 de marzo de 1919, impuso su lema: «Queremos luchar por amor y con odio».

Tucholsky redactaba dos o tres artículos por número. Para camuflar tamaña productividad, se servía de cuatro pseudónimos: Kaspar Hauser, Peter Panter, Ignaz Wrobel y Theobald Tiger. Bajo este último componía también poemas —«poemas tendenciosos» los llamaba él—, como el que hemos citado más arriba, «Los desplazados», que publicó en *Die Weltbühne* el 12 de junio de 1924, justo cuando acababa de dejar atrás el humillante empleo en el banco y volvía a ser escritor y periodista a tiempo completo.

Ese mismo verano de 1924, Tucholsky firmó un contrato de corresponsal en París. Lo primero que hizo en Francia fue viajar a Verdún para visitar, ocho años después, los escenarios de la célebre batalla que, tras diez meses de lucha, terminó sin vencedor y con más de trescientos mil muertos. El resultado de la visita fue un artículo titulado «Ante Verdún», que se publicó en *Die Weltbühne* el 7 de agosto de 1924. No solo era un feroz alegato antimilitarista, sino también un ajuste de cuentas con la prensa por el papel adoptado durante la guerra y después de ella. Todavía hoy impresiona su lectura:

> ¿Existe hoy día algún periódico capaz de admitir: «¡Nos hemos equivocado, nos hemos dejado engañar!»? Sería lo mínimo. ¿Hay ni tan siquiera uno que se haya atrevido a aleccionar machaconamente a sus lectores sobre la verdadera faz de la guerra, del mismo modo que antes los martilleaba en sus páginas, año tras año, ese repugnante entusiasmo por el crimen? «¡No podíamos arriesgarnos a que nos cerraran el periódico!». ¿Y luego? ¿Cuando ya no había censores? ¿Qué es lo que no podíais entonces? ¿Habéis mostrado después alguna vez toda la verdad, aunque solo fuera una única vez, la verdad desnuda, repulsiva y sangrienta? Noticias es lo que quieren los periódicos, noticias es lo que quieren todos ellos. La verdad no la quiere ninguno.

Pero lo que más impresiona es la premonición final:

> Y del cielo sombrío surge una figura gigantesca, un oficial esbelto y espigado, de piernas increíblemente largas, con polainas cruzadas, una estampa elegante, en el ojo un monóculo. Ríe burlonamente. Y cacarea con voz de tarado, una voz que ha servido para abroncar a media Alemania en los patios de los cuarteles, y que todavía causa pavor a medio mundo:
>
> ¡Otra vez! ¡Otra vez! ¡Otra vez!

Desde su atalaya parisina, inspirado en su modelo Heinrich Heine —el poeta que enterró el Romanticismo, el escritor y periodista exiliado en París casi cien años antes—, Tucholsky no dejó nunca de inmiscuirse en la política alemana. Denunció la mentalidad de súbdito heredada de la época guillermina, el afán revanchista de los nostálgicos del Imperio, la hostilidad hacia la joven democracia, los desmanes de los *Freikorps*, la latente xenofobia de buena parte de la población… Pero a diferencia de Heine, que nunca pudo regresar, Tucholsky volvía una y otra vez a su querida y odiada ciudad de origen. Y, lo hemos dicho ya, a su local favorito: «Todos los caminos me traen a Berlín. Y al Romanisches Café».

A mediados de la década de los veinte, *Die Weltbühne* no era solo la revista más leída del Romanisches, sino la de mayor peso en la vida política e intelectual alemana. Sin sobrepasar los quince mil ejemplares, se había convertido en la publicación de referencia, en el principal foro de debate. La lista de colaboradores se lee como el quién es quién del mundo de la cultura. Además de los romanistas que hemos citado más arriba estaban Lion Feuchtwanger, Robert Walser, Arnold Zweig, Ernst Bloch, Anna Seghers, Ludwig Marcuse, Klaus Mann, Hellmut von Gerlach, Friedrich Sieburg, Richard Lewinsohn, Joachim Ringelnatz, Egon Friedell, Heinz Pol, Leo Lania, Bruno Frei, Johannes R. Becher, Oskar Maria Graf, Hilde Walter, Kurt Hiller…

En diciembre de 1926, la revista sufre un serio revés: Siegfried Jacobsohn, fundador y director de *Die Weltbühne*, muere de un derrame cerebral. Tucholsky, su hombre de confianza y sucesor natural, regresa inmediatamente de París. A pesar de lo imprevisto de la muerte —Jacobsohn apenas tenía cuarenta y cinco años—, la transición no supuso una ruptura drástica; Jacobsohn era metódico y había dejado material publicable para varios números. Y Edith Schiffer, su viuda y editora, hija del rico constructor Max Schiffer, prometió seguir aportando dinero para mantener la revista a flote.

El problema era que a Tucholsky le hastiaba su nuevo cargo. Él quería dedicarse en exclusiva a escribir, y las labores de dirección le impedían mantener con vida sus cuatro pseudónimos. Así que, apenas seis meses después, cedió el testigo a su redactor jefe, Carl von Ossietzky, que le había estado ayudando en las tareas administrativas.

Tucholsky y Ossietzky se conocían de la inmediata posguerra. Juntos habían fundado la Asociación Pacifista de Excombatientes, y juntos se habían manifestado por las calles de Berlín bajo el eslogan «Nunca jamás otra guerra». Fue Tucholsky quien, a comienzos de 1926, convenció a Jacobsohn —una vez más— de que contratara a Ossietzky de redactor. Ossietzky trabajaba en el semanario progresista *Das Tage-Buch* y se había ganado la reputación de ser uno de los analistas políticos más sagaces de Alemania. Y de ser un hombre absolutamente íntegro y con un exacerbado sentido de la justicia.

Su temperamento era muy distinto al de Tucholsky: estirado, hanseático y sumamente disciplinado. Apenas hacía vida nocturna, y era raro verlo por el Romanisches Café. Prefería quedarse en su despacho de la redacción, en el número 152 de la Kantstraße, a pocos pasos de la Ku'damm, y si acaso bajar al pequeño local que había en la planta baja. Los fines de semana los pasaba en casa con su hija pequeña y su mujer, Maud Lichfield-Woods, una conocida activista feminista británica, hija de un oficial colonial y bisnieta de una princesa india.

Desde octubre de 1927, *Die Weltbühne* aparecía ya con la apostilla: «Fundada por Siegfried Jacobsohn, con la colaboración de Kurt Tucholsky y bajo la dirección de Carl von Ossietzky». Iniciaba una nueva etapa en la que daría aún más prioridad a la política, en detrimento sobre todo de los temas culturales. Era esto una consecuencia de la formación y de los intereses de Ossietzky, pero también un imperativo de la actualidad (ya lo dijo Brecht: «Malos tiempos para la lírica»).

La lucha de *Die Weltbühne* se centró a partir de entonces en denunciar las implicaciones entre la industria armamentística y los partidos reaccionarios, el papel cada vez más preponderante del ejército, la parcialidad de la justicia, el creciente chovinismo y nacionalismo... Pero tampoco fueron indulgentes con el gobierno y las autoridades de la República de Weimar. Cuando, el primero de mayo de 1929, la policía berlinesa, al mando del político socialdemócrata Karl Zörgiebel, reprimió violentamente una manifestación ilegal organizada por el Partido Comunista, Carl von Ossietzky criticó con dureza la medida: exigió la dimisión de Zörgiebel y acusó a los socialdemócratas de haber tratado de impedir la manifestación por miedo a que sus rivales comunistas exhibieran mayor poder de convocatoria que ellos. Hubo más ataques de este tipo, y hay quien sostiene que *Die Weltbühne* contribuyó con su intransigencia y con un mal entendido purismo ideológico a desestabilizar la República de Weimar.

Las tardes lluviosas de los domingos suelo sacar uno de esos ladrillos de la balda superior para hojearlo al buen tuntún. Siempre me sorprende y me admira. *Die Weltbühne* es una soberbia enciclopedia del periodismo. Y es también, junto con *Die Fackel*, de Karl Kraus, una de las cumbres de la literatura alemana del siglo XX. A mí incluso me gusta más, porque es una revista coral. Karl Kraus fue un genial egocéntrico que prácticamente redactó *Die Fackel* él solo, mientras que tanto Jacobsohn como Ossietzky ejercían de directores de orquesta; no es menor mérito reunir y armonizar a semejante elenco de intérpretes.

Es cierto que, bajo la batuta de Ossietzky, la revista se radicalizó. Se excedió en sus críticas a los sucesivos gabinetes de la República de Weimar, y, al ahondar en la rivalidad entre comunistas y socialdemócratas, enemigos acérrimos desde la revolución de noviembre de 1918, acabó allanando el camino a los nacionalsocialistas. Incluso fue, en ocasiones, injusta y cruel: por ejemplo, cuando el propio Ossietzky tachó a Remarque de «cobarde político».

Pero es fácil juzgar desde la cómoda butaca de la perspectiva histórica, lejos de la vorágine de aquellos días. Por lo menos a mí, cuando hojeo estas páginas ya amarillentas y desgastadas, impresas con letra diminuta —como esos ejemplares baratos de la Biblia en las mesillas de algunos hoteles—, me siguen impresionando el valor y el compromiso que hay en ellas. Son un magnífico y estremecedor ejemplo de periodismo independiente. Y sumamente expuesto; cada vez más, a medida que iban pasando los años. De ahí que, una y otra vez, la revista se viera involucrada en procesos judiciales.

Uno de los más sonados lo provocó un comentario que escribió Tucholsky en agosto de 1931. Aludía a su gran trauma, la Guerra Mundial:

> Durante cuatro años había enormes extensiones en las que el asesinato era obligatorio, mientras que a media hora de allí

> estaba terminantemente prohibido. ¿He dicho asesinato? Por supuesto. Los soldados son asesinos.

Tucholsky envió la glosa desde Suecia. Dos años antes, en septiembre de 1929, había alquilado una casa de campo en el pueblecito de Hindås, cerca de Gotemburgo; harto de la situación política en Alemania, pasaba allí estancias cada vez más largas. En su ausencia, fue acusado Ossietzky. Tras un proceso tumultuoso, los abogados consiguieron su absolución al convencer a los jueces de que la frase «Los soldados son asesinos» tenía un destinatario abstracto y no se refería, como pretendía la acusación, al ejército alemán.

Pocos meses después, en noviembre de 1931, *Die Weltbühne* volvió al banquillo de los acusados. El caso venía de antes, de un artículo publicado en marzo de 1929 y que sacaba a la luz un plan secreto para crear una fuerza aérea alemana, la Luftwaffe. El plan contravenía lo acordado en el Tratado de Versalles, que prohibía el rearme del ejército alemán; además, tal como desvelaba el artículo, se financiaba con fondos destinados a la aviación civil.

El Ministerio de Defensa denunció inmediatamente al editor de la revista y al autor del artículo, Walter Kreiser, un periodista experto en aeronáutica. El proceso fue primero bloqueado por el Ministerio de Asuntos Exteriores, que no quería que saliera a la luz la colaboración militar secreta entre Alemania y la Unión Soviética. Por fin se impusieron los militares y el proceso se pudo celebrar, si bien a puerta cerrada y sin presencia de la prensa. Se obligó también a los participantes a mantener estricto silencio sobre lo declarado en el juicio.

Walter Kreiser y Carl von Ossietzky fueron condenados a dieciocho meses de cárcel por traición a la patria y por desvelar secretos militares. Hubo largas deliberaciones entre los jueces, porque condenar a los acusados por traición y no por injurias suponía admitir la existencia del plan. Pero las pruebas que aportaba Kreiser eran innegables, y de lo que se trataba en realidad era de amedrentar a las publicaciones excesivamente críticas. Y de desquitarse al tiempo de Carl von Ossietzky, que en más de una ocasión había acusado a la justicia de ayudar al ejército a recuperar el poder y el protagonismo perdidos tras la guerra. Ossietzky tenía muchos enemigos entre los jueces «tuertos del ojo derecho».

La sentencia provocó una marea de protestas y peticiones de indulto al presidente de la República, Paul von Hindenburg. Albert Einstein, desde Estados Unidos, donde residía ya la mitad del año, escribió una carta abierta en la que declaraba que la «sentencia degrada la justicia a ojos del público alemán y ofrece un motivo más de desconfianza hacia la política del país». Protestaron también Thomas Mann, Arnold Zweig, Romain Rolland y multitud de personalidades del mundo de la cultura y de la ciencia. Pero todos los intentos fueron en vano: el 10 de mayo de 1932, Carl von Ossietzky ingresó en prisión.

Existe una foto que lo muestra ese día; con el sombrero en la mano y rodeado de colaboradores de la revista: Alfred Polgar, Erich Mühsam, Ernst Toller, Lion Feuchtwanger, Herbert Ihering, Arnold Zweig… Falta Kurt Tucholsky. Desde Suecia, había enviado una carta para dar ánimos a Ossietzky y pedirle solo una cosa: «Que saliera de la cárcel sin haberse "reeducado"». Se refería a una frase que había escrito Ossietzky en 1927, tras una primera condena de dos meses por ofensas al ejército (que recurrió con éxito):

> Nos podrán condenar hoy, mañana, pasado mañana. Lo asumiremos, pero nuestro orgullo será no permitir que nos «reeduquen»; al contrario, vamos a ser más enérgicos, más intensos, más punzantes, más tenaces. Por eso somos periodistas.

Falta también Walter Kreiser, el otro acusado; había buscado refugio en el extranjero. Ossietzky no contempló la posibilidad de huir. Y dejó muy claros sus motivos:

> No entro en la cárcel por motivos de lealtad, sino porque como preso soy más incómodo. No me postro ante el terciopelo rojo que envuelve a la majestad del tribunal, sino que, como recluso de una institución penitenciaria prusiana, me convierto en prueba palpable de una sentencia que, en lo político, es tendenciosa y, en lo jurídico, sumamente arbitraria.

La foto está tomada en un bosquecillo cercano a la prisión de Tegel, la misma de la que, tres años antes, Alfred Döblin había hecho salir a Franz Biberkopf, el antihéroe de su novela *Berlin Alexanderplatz*. Es un mediodía radiante. Al fondo se ve a un curioso que, apoyado en su bicicleta, contempla la escena: un grupo solemne reunido en un pequeño claro del bosque. El curioso asistía a un encuentro clandestino, porque, según un decreto extraordinario aprobado con urgencia —para evitar las temidas manifestaciones del primero de mayo—, desde abril de ese mismo año estaban prohibidas «las reuniones espontáneas al aire libre». Pero los organizadores habían logrado que les permitieran reunirse durante una hora y media. La policía no mandaría ninguna patrulla.

Los presentes habían llegado a la prisión por vías distintas y en diferentes vehículos. A Ossietzky lo transportaron en un coche privado desde su despacho de la Kantstraße. Alfred

Polgar, que fue a recogerlo, refirió que era el propio Ossietzky quien animaba a los demás. Y dijo Polgar también que le habría gustado ser testigo de cómo, al abandonar el cuarto, el director de la revista lanzaba una mirada nostálgica a su escritorio; pero fue el escritorio el que lanzó una mirada nostálgica a su ocupante habitual.

Hay una segunda foto tomada pocos minutos después. Muestra a Ossietzky, respaldado por sus abogados defensores, Rudolf Olden y Kurt Rosenfeld, en el momento de cruzar la puerta de la prisión: tres figuras de hombros caídos a punto de desaparecer en el hueco de un muro. No se distingue el color del ladrillo —todavía no se había extendido la fotografía en color—, pero seguro que era el de las cubiertas de la revista. Tampoco se oyen los gritos de ánimo del corrillo que habían formado los acompañantes, pero ellos mismos dijeron que hubo muchos.

A Ossietzky le esperaba una celda que más adelante describiría como un «gran cuarto de baño». Allí podría leer libros y periódicos, incluso escribir, aunque no publicar. Los abogados habían conseguido librarlo del uniforme carcelario y que le permitieran ir de civil. En la primera carta que envió desde la celda, Ossietzky le confió a su mujer que el que pensaba iba a ser el momento más triste de su vida fue del que más orgulloso se había sentido nunca. Lo malo, lo peor de todo, era que no le dejaban fumar, algo que consideraba «absolutamente bárbaro». Lo que aún no sabía era que las condiciones del siguiente encierro iban a ser mucho peores.

El siguiente encierro sería ya con los nazis en el poder. Porque *Die Weltbühne* fracasó en su intento de «evitar el viaje al Tercer Reich» (otra de las divisas que había dejado Tucholsky).

Ese fue el objetivo prioritario en sus últimos años de existencia. Todavía a comienzos de 1930, Ossietzky había escrito que «el movimiento nacionalsocialista va a desaparecer de la misma misteriosa forma en que ha aparecido». Pero, pocos meses después, con más de cien diputados del NSDAP en el Parlamento y tras la demostración de fuerza en el caso Remarque, su opinión era ya otra:

> El fascismo ha logrado su primer gran éxito el 14 de septiembre. Hoy ha conseguido tumbar una película, mañana tumbará otra cosa. [...] Al fascismo solo se le puede vencer en la calle. Contra la chusma nacionalsocialista solo existe la lógica de una porra más gorda. Y para domesticarlos solo hay una pedagogía: À *corsaire, corsaire et demi!*

Atrás quedaban las mansas alocuciones del convencido pacifista.

Las elecciones de septiembre de 1930 hicieron que los colaboradores de la revista aunaran fuerzas para combatir a los nazis. Pero había dudas respecto al modo de proceder. Unos opinaban que lo mejor era alertar de las consecuencias si Hitler llegaba a la cancillería. Ernst Toller, por ejemplo, escribió en octubre de 1930:

> Es hora de enterrar ilusiones peligrosas. No solo el Partido Demócrata, también los socialistas y los comunistas tienden a pensar que lo mejor sería dejar gobernar a Hitler para que se «desgaste cuanto antes». Pero se olvidan de que lo que caracteriza al Partido Nacionalsocialista no solo es su voluntad de poder, sino también su voluntad de conservarlo. Aceptará encantado alcanzar el poder por medios democráticos, pero en ningún caso estará dispuesto a renunciar a él por imperativo de la democracia.

Y unos meses después, Erich Mühsam advertía:

> Nadie se plantea la pregunta de lo que hay que hacer cuando comience el baile del Tercer Reich, cuando algún Hitler disuelva todas las coaliciones de los partidos de la izquierda, cuando la legalidad alemana consista en fusilamientos, pogromos, vandalismo y detenciones masivas [...] Los trabajadores se consuelan pensando que ya se les avisará a su debido tiempo. No se les avisará. Cuando los fascistas hayan dado el golpe, lo primero que harán será detener, o mejor aún, desembarazarse de todos los responsables de la organización, de todos los líderes de la oposición que tienen registrados en sus listas.

Pero había también colaboradores que opinaban que era mejor centrar los esfuerzos en desprestigiar y ridiculizar a los nazis. Porque, incluso después de sus sucesivos éxitos electorales y de la violencia exhibida en las calles, aún eran muchos los alemanes que, o bien no se tomaban en serio a la marea parda, o bien la miraban de arriba abajo. De ahí que, en esos años finales de su vida, por las páginas de *Die Weltbühne* desfilara una ristra de apelativos entre jocosos e insultantes para designar al partido nazi: «teutones desgreñados refractarios a la civilización», «panda de chalados», «grandes lanzadores de bombas fétidas», «colosal depósito de existencias rotas», «analfabetos hitlerianos»...

También los líderes se llevaron su parte. Principalmente, claro está, Hitler y Goebbels, el pintor frustrado y el periodista frustrado. Al primero le cayeron motes como «mentecato en gran formato», «sádico gran maestro de la confusión», «*Duce* de circo», «engendro del diablo», «bribón medio loco», «demente in folio», «bocazas domador de arenques», «ridículo charlatán», «patético botarate» o «pequeño burguesito rebelde y rollizo». Los apelativos aplicados al «enano Goebbels» fueron: «zopo psicópata», «parásito histérico», «pobre diablo enajenado», «megalómano perturbado», «escritorzuelo inmundo», «mugriento literato», «pobre chasqueador de piojos» y «zarandillo histérico con aspiraciones de tribuno».

Die Weltbühne carecía de porras, pero sus máquinas de escribir no dejaron de traquetear hasta el último momento. Cada vez con menos amor, tan solo con una mezcla de odio y desprecio.

DOS ADIVINOS
1933

En un café. Todas las mesas están ocupadas. En torno a una de ellas se sientan diez nazis con uniforme pardo, acompañados de un civil elegantemente vestido.

EL SEÑOR ELEGANTE: ¡Atención! Ahí viene. ¡Cerrad las puertas! ¡Que nadie abandone el local!

EL DUEÑO DEL CAFÉ: Por favor, caballeros, no hagan ruido, la policía...

EL SEÑOR ELEGANTE: ... somos nosotros.

UN CLIENTE QUE ACABA DE LLEGAR: ¡Déjenme salir! Aquí no me siento seguro.

EL SEÑOR ELEGANTE: ¡De eso se trata! ¿Me conoce?

EL CLIENTE QUE ACABA DE LLEGAR: ¡Hanussen!

EL SEÑOR ELEGANTE: En persona. Soy el astrólogo oficial del Tercer Reich. Predije su llegada a partir de la constelación de las estrellas, y mil estúpidos escuchaban con la boca abierta. Cómo mil..., ¡cientos de miles! ¡Millones! Y se lo creyeron. Por eso mismo ha llegado el Tercer Reich.

EL CLIENTE QUE ACABA DE LLEGAR: ¡Usted los ha engañado! Usted no es un astrólogo de verdad. Es solo un embaucador.

EL SEÑOR ELEGANTE: No vuelva a repetir eso. Se acabó su competencia desleal en astrología. ¿Sabe una cosa? Ahora va a hacer usted un poco de gimnasia, y mis jóvenes amigos de los elegantes trajes pardos van a vigilar que haga bien los ejercicios. ¡Vamos! ¡Al trote!

Uno de los SA propina una patada en el trasero al cliente que acaba de llegar y este empieza a corretear por el café. Pronto queda sin aliento, tropieza y se golpea contra las mesas. Las mujeres gritan. Los clientes se levantan y se abalanzan hacia la salida, pero la puerta está cerrada.

EL DUEÑO DEL CAFÉ *(se dirige al señor elegante)*: ¿No se da cuenta de que está arruinando la reputación de mi local? *(Se deja caer en una silla y dice con voz agónica)*: ¡Ay! Ya no aguanto más. La clientela parda no me deja en paz. Ocupan mi local, la banda al completo. Piden café y dejan veinticinco pfennigs encima de la mesa. ¡Y cuesta sesenta! *(Su voz es ya solo un suspiro.)*
EL SEÑOR ELEGANTE: Voy a ser implacable con este joven que intenta fastidiarme el negocio. ¿Todavía no está hecho polvo?

El último cliente sigue corriendo como un poseso. A cada extremo del local se apostan dos SA. Cada vez que llega a la altura de uno de ellos, le dan la vuelta y le pegan una patada en el trasero. El público se queja en voz alta. Ya está harto y exige que se abran las puertas.

EL SEÑOR ELEGANTE *(enfurecido)*: ¡Los del gallinero! ¡Calladitos! O vais a ver lo que es bueno. *(Se dirige a los SA.)* ¡Chicos, subid al atleta a la mesa! Que grite *Heil Hitler* hasta que eche el bofe. Si se hace el tonto, le rompéis la jeta al marxista. Me lo puedo permitir todo. Nadie se atreve a tocarme un pelo. Sé demasiado sobre el Tercer Reich, y el conde Von Helldorff es amigo mío.

Suben a una mesa al último cliente. Con la fuerza de la desesperación, grita:

ÚLTIMO CLIENTE: ¡*Heil* Hitler!
EL SEÑOR ELEGANTE: ¿Y el resto? ¡Vamos!
EL CORO DE HORRORIZADOS CLIENTES: ¡*Heil* Hitler!

El autor de la escena es Heinrich Mann. Fue una de las últimas cosas que escribió antes de exiliarse. No le quedó más remedio que huir. Había escrito dos novelas muy controvertidas, *El profesor Unrat* (1904), que sirvió de modelo para *El ángel azul*, y *El súbdito* (1918), que arremetía contra la mentalidad gregaria, acomodaticia e hipócrita de la sociedad guillermina. Luego, durante la República de Weimar, se destacó como una de las personalidades del mundo de la cultura que más alto clamaba contra el peligro nazi, más aún que su hermano Thomas. Y lo que acabó de marcarlo: a finales de 1932 firmó una «Llamada urgente» a los socialdemócratas y a los comunistas para que hicieran frente común contra Hitler; un último intento de salvar la democracia. Lo único que lograron, él y sus compañeros de firma —entre los que estaban Albert Einstein, Käthe Kollwitz, Ernst Toller y Erich Kästner—, fue copar los primeros puestos de la lista negra del NSDAP.

Para escribir la escena, Heinrich Mann se basó en un episodio real ocurrido la tarde del 9 de marzo de 1933 en el Romanisches Café. Al conde Von Helldorff ya lo conocemos: era el jefe de las SA de Berlín y responsable del pogromo en la Ku'damm. El «señor elegante», Erik Jan Hanussen, era astrólogo, hipnotizador, ocultista y adivino. El «cliente que acaba de llegar» era Max Moecke, profesor de yoga, hipnotizador, ocultista y adivino. Y entre ambos, como ha quedado constatado, existía una rivalidad feroz.

Tanto Moecke como Hanussen habían llegado a Berlín justo después de la crisis de 1929. Tras triunfar en los escenarios de provincias, venían a la capital con la idea de conquistar una ciudad marcada por la inseguridad, el miedo y la pérdida de valores; esto es, una ciudad receptiva a los que prometían un futuro mejor. Cuesta entenderlo, pero muchos berlineses de aquellos días creían en milagros, se hacían echar las cartas por gitanas venidas del este, acudían al quiromante para que les leyera las líneas de la mano, al grafólogo para analizar las posibilidades de éxito a partir de la letra, al astrólogo para que les predijera el porvenir. En la ciudad prosperaban todo tipo de círculos espiritistas, nigromantes, mentalistas, ocultistas, mágicos y telepáticos. Y para las clases más cultivadas se ofrecían cursillos de iniciación al budismo, a la teosofía, a la antroposofía…

Las posibilidades de ganar dinero como adivino eran grandes. Cierto que había mucha competencia, pero Moecke y Hanussen demostraron pronto ser los mejores. Tenían talento y magnetismo. Y también un ego desmesurado, de ahí que el choque resultara inevitable. Desde el principio se acusaron mutuamente de estafadores y pseudovidentes, y varias veces acabaron en los tribunales. Entre ellos se entabló una guerra de adivinos, una guerra en la que, poco a poco, Hanussen fue cobrando ventaja. Porque el «marxista» Moecke simpatizaba con el SPD, mientras que Hanussen había empezado a colaborar con los nazis.

Hanussen tenía un yate anclado en el puerto fluvial de Stralau, al este de Berlín. Lo había bautizado con el nombre de *Ursel II,* pero muy pronto fue conocido como el *Yate de los Siete Pecados*. El apelativo se debía a que todos los fines de semana se celebraban a bordo fiestas extravagantes en las que el anfitrión ofrecía a sus invitados caviar, champán, cocaína, sesiones de espiritismo y, según los gustos, mujeres o jovencitos.

Un día de primavera de 1932, la actriz Maria Paudler, amiga de Hanussen y habitual de las fiestas del yate, propuso llevar a un conocido suyo: Wolf Heinrich Graf von Helldorff. La fiesta de aquel fin de semana se celebraba en honor a la diosa india Sarasvati, y Hanussen agasajó a su nuevo huésped con Kabir, un chiquillo indio de catorce años. Helldorff quedó encantado con su regalo y volvió el fin de semana siguiente en compañía de dos amigos de las SA; el *Gruppenführer* Karl Ernst y el *Sturmbannführer* Wilhelm Ost. Los tres fueron obsequiados con champán y caviar, con chicas y chicos, e instados a regresar. Muy pronto se hicieron asiduos. Halagado, el anfitrión puso a su disposición dos lujosas limusinas, un Cadillac y un Bugatti, y les concedió préstamos para costear su afición a la ruleta.

El *Hanussen Zeitung*, «periódico astropolítico» en el que el adivino anunciaba sus predicciones, se empezó a adornar con fotos de dirigentes nazis. El 8 de julio de 1932 apareció por primera vez con una imagen de Hitler en la portada. Hanussen vaticinaba su triunfo y pedía a sus lectores que le votaran. El 24 de agosto reclamó en un ostentoso titular: «¡El gobierno para Hitler!». Y el resto del año auguró y celebró los sucesivos éxitos nazis, primero en las elecciones de julio y luego en las de noviembre. Cuando finalmente Hitler fue nombrado canciller, el 30 de enero de 1933, la portada del *Hanussen Zeitung* volvía a traer una imagen del Führer, esta vez enmarcada por dos cañones que disparaban las letras del titular: «¡Victoria!».

También Hanussen había triunfado. Tenía una consulta lujosísima a la que acudían empresarios, banqueros y especuladores de bolsa, lo más granado del mundo económico y financiero de Berlín. Además del *Hanussen Zeitung*, editaba una revista, la *Hanussen Bunte Wochenschau*, que vendía 140 000 ejemplares a la semana. Cada noche congregaba en el Teatro Scala a más de tres mil espectadores que seguían boquiabiertos sus «conferencias experimentales», en las que leía la mente del público y adivinaba su futuro. Y, después de las funciones, acudía al Romanisches Café envuelto en joyas y muy bien acompañado. Vivía rodeado de lujo y le gustaba ostentarlo. Sus amigos estaban en el poder, y en el *Yate de los Siete Pecados* ondeaba la cruz gamada.

Pero había un problema: era judío. Sí, la de Hanussen parece una historia inventada, y más aún cuando conozcamos el final. En realidad, se llamaba Hermann Steinschneider y era originario de Ottakring, una pequeña ciudad morava muy parecida a esas que había descrito Joseph Roth pocos años antes en su ensayo *Judíos errantes*. En Berlín, Hanussen había logrado ocultar su origen. Exhibía un falso documento de ascendencia aria, según el cual era un huérfano adoptado por la familia judía Steinschneider. Había comprado, para destruirlos, todos los ejemplares de su autobiografía, *Meine Lebenslinie* («La línea de mi vida»), donde todavía hablaba abiertamente de su origen judío. Y, para que no hubiera dudas, se había convertido al catolicismo e ingresado en el NSDAP. Pero no las tenía todas consigo; ni con estas medidas ni con sus nuevos amigos. Varios periódicos empezaban ya a propagar su origen judío. Y le habían llegado además noticias de que su rival Max Moecke se refería a él en sus espectáculos como «el semita grasiento».

No está muy claro lo que sucedió exactamente esa tarde del jueves 9 de marzo de 1933 en el Romanisches Café. La versión que teatralizó Heinrich Mann con el título *Los desaparecidos* fue corroborada por varios testigos. Pero otras fuentes aseguran que, antes del ¡*Heil Hitler!* final, Hanussen obligó a Moecke a bailar encima de la mesa una danza cosaca y a imitar el canto de un gallo. De lo que no cabe duda es que ese día el Romanisches Café fue profanado por las botas de una patrulla de nazis. Y no entraron para destrozar el mobiliario, sino para quedarse. Por mucho tiempo.

Los nazis habían ganado las elecciones de noviembre del año anterior. Obtuvieron casi 12 millones de votos —el 33,1 por ciento—, lo que suponía 196 diputados en el Reichstag. No era una mayoría suficiente para gobernar, y, además, habían perdido votos con respecto a las elecciones de julio del mismo año. Pero, entre la incapacidad para coaligarse de socialdemócratas y comunistas, y las intrigas y la torpeza de políticos reaccionarios como Franz von Papen y Kurt von Schleicher, que pretendían utilizar a Hitler y acabaron siendo utilizados por él, lo cierto es que, el 30 de enero de 1933, el vetusto presidente Paul von Hindenburg nombró canciller a Adolf Hitler.

El cúmulo de causas que llevaron a Hitler al poder fueron, evidentemente, muchas y muy complejas. Exponerlas prolijamente rompería el marco y la ambición de una crónica como esta. Pero sí me parece de interés comentar las que creo más importantes.

Un factor clave fue que el NSDAP logró salir del nicho de partido al servicio de una clientela para convertirse en lo que en Alemania se conoce como *Volkspartei*, esto es, un «partido popular» abierto a todo tipo de votantes. El propio Hitler lo explicaba en un mitin en 1928:

> El NSDAP no es un movimiento de una determinada clase social, o estamento o profesión, sino que es, en el más elevado

> sentido de la palabra, un partido del pueblo alemán. El NSDAP quiere abarcar todas las clases sociales del país, integrar a todas las profesiones, llegar a todos y a cada uno de los alemanes con buena voluntad de servir a su pueblo, alemanes que quieren vivir en medio de su pueblo y que, por su sangre, pertenecen a ese pueblo.

El martilleo del término «pueblo», en el sentido de personas unidas por una cultura, un idioma y una raza común, independientemente de su clase social, de su religión o de la región donde hubieran nacido, fue desde el principio una constante de las soflamas nazis. Algo novedoso en la Alemania de Weimar, donde los partidos solían servir a los intereses de un grupo determinado: el Partido Socialdemócrata (SPD) y el Partido Comunista (KPD) a trabajadores y proletarios; el Partido Popular Alemán (DVP) a la vieja burguesía conservadora; el Partido Democrático Alemán (DDP) a la burguesía urbana, liberal y progresista; el Partido Nacional del Pueblo Alemán (DNVP) a terratenientes, aristócratas y militares; el Partido del Centro (DZP) y el Partido Popular Bávaro (BVP) a votantes de centroderecha mayoritariamente católicos.

El NSDAP, sin embargo, logró aglutinar a alemanes de todos los estamentos que —de alguna u otra forma, con razón o sin ella— se sentían insatisfechos. Y consiguió también movilizarlos para crear una marea de protesta. Independientemente de su estatus. Recordemos las profesiones de los muertos en el golpe de estado de 1923 en la cervecería de Múnich: cuatro tenderos, tres empleados de banco, un fabricante de sombreros, un camarero, un diplomático, un cerrajero, un estudiante, un criado, un oficial de caballería, un juez de provincia y un ingeniero.

Que el partido se infiltrara en todos los sectores no quiere decir que los votos obtenidos por Hitler se distribuyeran de forma homogénea. De hecho, a pesar de haber germinado en la católica y sureña Baviera, el NSDAP encontró mayor implantación en las zonas rurales del centro y norte de Alemania, fundamentalmente protestantes. La mayoría de los votos los obtuvo Hitler en poblaciones de menos de cinco mil habitantes. La población rural era receptiva a lemas como «sangre y tierra», a todas esas frases vehementes que enarbolaban los nazis para defender la esencia patria y el cultivo de las tradiciones (de ahí también la *Heimatdichtung*, o el uniforme pardo, color tierra). En estas zonas rurales tuvo mucha importancia la labor misionera de formadores de opinión, en especial de maestros, médicos y pastores evangélicos que comulgaban con el ideario nazi y aleccionaban a sus alumnos, pacientes y feligreses.

El hecho de que los nazis obtuvieran más éxito en las zonas protestantes que en las católicas sigue siendo una cuestión abierta; se ha dicho que el protestantismo alemán, al haber surgido como movimiento en contra de Roma, tenía un carácter más nacionalista. (Ahora mismo, con motivo del quinto centenario de las tesis de Lutero, se está debatiendo sobre el papel de la Iglesia protestante durante los años treinta y sobre el antijudaísmo de su fundador.) Y se ha dicho también que los católicos eran más inmunes a promesas de paraíso en la tierra. No sé. Ustedes deciden.

Muy importante fue sin duda la creación de asociaciones de mujeres y de jóvenes, que incluían actividades para dos segmentos tradicionalmente olvidados por los partidos establecidos. Entre las mujeres hubo mayoría de votantes para el partido nazi. El nuevo papel de la mujer solo había calado en las ciudades grandes; las que vivían en pueblos o ciudades de provincias, amas de casa en su mayoría, rechazaban esa «moda moderna» y se sentían identificadas con el rol tradicional propagado por los nazis en miles de carteles (y simbolizado en la trenza trigueña, que se oponía al peinado a lo *bubi*).

En el caso de los jóvenes, tuvo mucha importancia la captación —para los más pequeños comenzaba con las Juventudes Hitlerianas— a través de la oferta de planes para el tiempo libre, que reforzaban la camaradería y el sentimiento de pertenencia a un grupo; por ejemplo, los campamentos de verano y de fin de semana, que además satisfacían el espíritu aventurero propio de la juventud. Fue también un acierto declarar héroe del movimiento a Horst Wessel, un joven de veintitrés años. Como resultado de todo ello, los nazis acabaron obteniendo varios millones de votos entre los jóvenes que votaban por primera vez.

Por su condición de partido «antisistema», los nazis fueron también la opción predilecta de aquellos que no eran asiduos a las urnas, esto es, de los que rechazaban la legitimidad del sistema o no se sentían representados por los partidos tradicionales. De ahí que muchos de los no votantes habituales sí se animaran a hacerlo ese 6 de noviembre de 1932, con la papeleta de Hitler en la mano.

Se ha apuntado que fue sobre todo la pequeña burguesía la que apoyó a los nazis. En realidad, la pequeña burguesía no votó por encima de la media al NSDAP, sobre todo en las grandes ciudades. Sin duda hubo gente de clase media, en especial comerciantes, que, hartos de la inseguridad en las calles y deseosos de que volviera la calma, optaron en esa ocasión por votar a Hitler. Pero varios estudios recientes han revelado que, por lo menos en las ciudades grandes y medias, el nazismo se implantó sobre todo en los barrios más pudientes;

la clase alta veía al partido nazi como el único muro de contención para frenar al bolchevismo.

Por ese mismo motivo, el miedo a una revolución a la rusa, Hitler recibió el apoyo de buena parte de la industria y la banca germanas. Ambas desoyeron su discurso anticapitalista —que tenía mucho de demagógico— e intuyeron los grandes beneficios que les podría reportar el programa de rearme que planeaban los nazis. Ya en 1923, el barón Fritz Thyssen, el hombre más rico de Alemania, había donado a Hitler cien mil marcos de oro, una pequeña fortuna. Muchos otros empresarios se unieron a él, y todavía hoy se discute el pasado nazi de empresas como Siemens, BMW o Hugo Boss, fabricante de las «camisas pardas». (El compadreo entre empresarios y nazis lo intuyó ya John Heartfield, uno de los contertulios de la mesa de los *Revoluzzer*. En 1932 creó un *collage* en el que se ve a Hitler haciendo el saludo hitleriano; detrás de él aparece un orondo empresario que le acerca a la mano extendida un billete de los grandes. El fotomontaje se titula *El sentido del saludo hitleriano*, y abajo, en letra pequeña, se puede leer: «Hay millones detrás de mí».)

También votaron al partido nazi por encima de la media los jubilados, los militares y los funcionarios, sobre todo los de la administración de justicia. Todos ellos eran votantes tradicionales del conservador y nacionalista DNVP, pero ahora otorgaban más crédito al NSDAP como el partido capaz de restaurar el antiguo orden.

Sin embargo, la mayoría de los trabajadores y empleados de base siguieron votando a los socialdemócratas y a los comunistas. Y también los parados, de los cuales tan solo uno de cada seis votó a Hitler. Esto desmiente la idea de que fue sobre todo la crisis económica la que subió a Hitler al poder. De hecho, a finales de 1932 se detectaban ya síntomas de recuperación. La promesa a los parados, «Trabajo y pan», no fue tan decisiva como se piensa.

Sí lo fue avivar los resentimientos: contra las potencias occidentales que habían impuesto el denigrante Tratado de Versalles, contra el marxismo y la amenaza de la expropiación, contra el corrupto «sistema Weimar» y los partidos establecidos… Y también lo fue designar un culpable de carne y hueso: el judío. Ya fuera el judío pobre de Galitzia que malvivía en el Scheunenviertel de Berlín, el judío intelectual bolchevique de Charlottenburg o el judío plutócrata que, desde Londres o Nueva York, manejaba los hilos de las finanzas internacionales. Con ello, los nazis recurrían a un fenómeno, el antisemitismo, muy arraigado en Alemania —y en buena parte de Europa—, y lo convertían en un argumento tan perverso como efectivo, porque no solo aportaba un chivo expiatorio, sino que ofrecía a los que no eran judíos un sentimiento de superioridad: la pertenencia a la «raza aria» —lo pongo entre comillas porque es un invento—. Votar a los nazis, o mejor aún, hacerse miembro del NSDAP, significaba formar parte del pueblo elegido.

El NSDAP logró así trocar en agresivo chovinismo el sentimiento de humillación que sentían los alemanes desde después de la guerra. Además, ofrecía soluciones fáciles. No se necesitaba mucho esfuerzo intelectual para entender algo tan simple y reconfortante como que la culpa la tenían los otros, y que la solución pasaba por acabar con el «sistema Weimar», repeler el marxismo, dejar de pagar las reparaciones de guerra y librarse de los judíos.

Este era el mensaje que repetían una y otra vez tanto el *Völkischer Beobachter* como *Der Angriff*, un estribillo que no solo caló entre la población de escaso nivel educativo. Porque, a pesar de los prejuicios contra el «plebeyo del mostacho»,

Hitler contó con el apoyo de parte de la Alemania cultivada (lo que Thomas Mann llamaría después «el pacto entre Fausto y Mefisto»). Ya hemos visto aquí el caso de Arnolt Bronnen; también Herbert Ihering, el crítico descubridor de Bertolt Brecht y colaborador de *Die Weltbühne*, acabó cooperando con los nazis. Y el editor Paul Steegemann inició ese mismo año de 1933 una colección con el título «El alzamiento», que incluía conferencias de Hitler y Goebbels. A ellos se podrían sumar —con diferentes grados de implicación y entusiasmo— los escritores Ernst Jünger y Gottfried Benn, el actor Gustaf Gründgens y el músico Wilhelm Furtwängler. (En 1943, ya en el exilio, el dramaturgo y coguionista de *El ángel azul* Carl Zuckmayer elaboró, por encargo de los servicios secretos de Estados Unidos, un dosier con los nombres de más de ciento cincuenta escritores, editores, publicistas, actores y directores de cine y de orquesta que colaboraron con el Tercer Reich: la lista se lee como el quién es quién del oportunismo y de la perversión en el mundo de la cultura.)

También el mundo académico fue seducido por el nazismo; el principal exponente sería Martin Heidegger, catedrático de Filosofía de la Universidad de Friburgo. Aunque esto no es algo que deba sorprender demasiado, si tenemos en cuenta que desde el siglo anterior fluía por la universidad alemana una corriente reaccionaria y chovinista alimentada por las asociaciones estudiantiles, las *Burschenschaften*, muchas de las cuales hacían gala de un carácter abiertamente xenófobo. (Heinrich Heine, el genial precursor de Tucholsky, fue testigo, en una cervecería de Gotinga, de una reunión en la que los *Burschenschaftler* elaboraban listas de proscripción: «Quien descendiera en séptima generación de un francés, de un judío o de un eslavo, estaba condenado al exilio». Y al describir la celebración anual de las asociaciones estudiantiles en el castillo de Wartburgo, nos revela Heine que «no eran capaces de inventar otra cosa que quemar libros». Volveremos sobre ello unas líneas más abajo.)

Un último aspecto que, sin ser novedoso, sí me parece que suele quedar desatendido tiene que ver con un fenómeno que se percibía ya a comienzos de la década de los treinta: una atracción muy extendida hacia lo irracional que podría ayudar a explicar tanto el éxito de Hitler como el de Hanussen. Lo señaló ya un contemporáneo, Rudolf Olden, el abogado defensor que salía con Ossietzky en la foto frente a la cárcel. Además de abogado y colaborador asiduo de *Die Weltbühne*, Olden era un prestigioso editor. En 1932 publicó un libro titulado *Lo milagroso o los hechizados. Profetas en la crisis alemana*. En la introducción, Olden trazaba un diagnóstico de aquellos años desde el punto de vista de la psicología de masas. Entre otras cosas, escribía:

> En la reciente historia de la república alemana se ha producido un bandazo tan formidable de lo racional a lo irracional que hasta un ciego puede verlo. Por supuesto que no existen partidos que puedan sobrevivir sin cierto componente irracional; si alguno lo intenta, puede olvidarse de seguir ejerciendo influencia. Pero lo que resulta único y singular es con qué decisión y de forma inequívoca, hoy y aquí, un pueblo se ha alejado de la razón para echarse en brazos del milagro.

Y para que se produzca el milagro, o, más bien, para que cuajen las promesas de que se va a dar, es necesario —en metáfora de Olden— «que uno tenga la llave y los otros se dejen encerrar». Tanto Hanussen como Hitler —y Goebbels— tenían la llave, es decir, carisma, ese «no sé qué» tan difícil de definir que hace que algunas personas logren atraer y seducir.

Y tenían también seguidores predispuestos; esos otros que se dejaron encerrar.

El componente irracional que llevó a tantos alemanes a votar a Hitler fue atestiguado por muchos coetáneos de Olden; gente juiciosa que veía atónita cómo sus vecinos, sus colegas de trabajo, sus familiares incluso, se echaban en brazos del milagro, en brazos de aquellos que les prometían un futuro mejor, ya fueran videntes o políticos. Ambas, la magia y la política, son negocios con el futuro, y muchos alemanes que invistieron a Hanussen como Gran Adivino convirtieron poco después a Hitler en su Führer.

Cuando uno ve hoy en documentales a los líderes nazis sobre el escenario, con su crispada voz de falsete y sus ridículos aspavientos, se pregunta primero desde su poltrona posmoderna cómo fue posible que tuvieran tantos seguidores. Pero, a los pocos minutos, percibe también su extraño hechizo. Y se asusta un poco de sí mismo. Y de su entorno. La historia no se repite, pero hay fenómenos recurrentes.

Sea como fuere: seguirán fluyendo ríos de tinta para tratar de explicar lo inexplicable; que, desde el 30 de enero de 1933, el Führer ocupaba la cancillería. Ese mismo día, Goebbels anotó en su diario: «Es casi como un sueño. La Wilhelmstraße nos pertenece». No solo la Wilhelmstraße, metonimia del gobierno, sino todo Berlín, toda Alemania. Y también el Romanisches Café.

Además de la escena de Heinrich Mann, contamos con otros testimonios de ello. Uno es del periodista Georg Zivier:

> Había una auténtica «mesa de la Gestapo» en la sección de nadadores; cuatro o cinco muchachos con botas, escoltados

por perros policía, que vigilaban y miraban amenazadoramente y con desprecio a los camareros y a la clientela.

También el escritor británico Christopher Isherwood, que se ganaba la vida en Berlín como profesor de inglés, nos ha dejado una descripción de la atmósfera del café justo después de la llegada de los nazis al poder. La podemos leer en su novela autobiográfica *Adiós a Berlín* (que inspiraría luego la película *Cabaret*):

> Casi todas las tardes voy al inmenso y semivacío café de artistas, junto a la Iglesia Memorial, donde los judíos y los intelectuales de izquierdas inclinan las cabezas sobre los veladores de mármol para hablar en voz baja y temerosa. Muchos de ellos saben que van a ser detenidos, si no hoy, quizá mañana, o la semana que viene. Todos extreman la cortesía y la afabilidad, se saludan a golpe de sombrero y se preguntan por sus familias. Las viejas rencillas literarias son hoy cosa olvidada. Casi diariamente los tipos de las SA aparecen por el café. A veces es una colecta, y todo el mundo se siente obligado a dar algo. Otras es una detención.

Menos conocidas son las frases que dedica al Romanisches Café el periodista sevillano Manuel Chaves Nogales, enviado especial del diario *Ahora* para informar sobre la investidura de Hitler. En un artículo titulado «La fauna berlinesa», Chaves da cuenta de una visita de madrugada al Romanisches Café:

> Aún se ven unos tipos agudos arbitristas y unos sujetos con aires de sonámbulos a los que identifica ese color cetrino y ese aspecto feble del intelectual de oficio. Pero por poco tiem-

po. Por la Tauentzien avanzan, cada vez más arrogantes, los hombres de Hitler con sus altas botas ferradas y sus camisas pardas. Y la gente que daba el tono a Berlín va encogiéndose y disimulándose más y más. Pronto no quedará ninguno.

Y contamos también con el testimonio de Mascha Kaléko, la joven poetisa de la que he hablado antes. Mascha Kaléko iba al Romanisches Café todos los días hacia las cuatro de la tarde, una vez cumplido su monótono trabajo de secretaria. Acudía sola, o acompañada de su marido, el periodista Saul Kaléko, y a veces escribía poesías en las mismas mesas de mármol: miniaturas de la vida cotidiana, piezas melancólicas y a la vez irónicas que reflejaban la vida de su ciudad. Una de las que escribió en esos días inciertos de 1933 se titula precisamente «Garabateado en una mesa de café»:

No estoy acostumbrada a las largas esperas,
siempre he dejado que esperaran los demás.
Y ahora me encuentro aquí, entre tazas de café vacías,
y me pregunto si todo esto vale la pena.

Es tan distinto a los días de antes.
Los dos sentimos en silencio: somos el resto.
No preguntes. Hay mucho que decir,
muchas cosas en el fondo impronunciables.

Las doce y media. ¡Tan tarde! Se pueden contar los clientes.
Empaqueto mi optimismo.
En esta ciudad de cuatro millones de almas
resulta difícil encontrar una sola.

A partir de aquí, la historia es bien conocida. Primero vino el fuego. La misma noche del nombramiento de Hitler como canciller, los nazis desfilaron por la Puerta de Brandeburgo con antorchas en la mano. Cuatro semanas después, la noche del 27 al 28 de febrero, ardieron las piedras del Reichstag. Se acusó al comunista Marinus van der Lubbe, pero ya entonces muchos sospechaban que el incendio lo habían provocado los nazis. Les sirvió de pretexto para iniciar la persecución de opositores y sentar las bases de la *Gleichschaltung*, el proceso de sincronización de todas las estructuras estatales que acabaría dándoles el control absoluto del país. Erich Mühsam y Ernst Toller tuvieron razón con sus pronósticos.

Y el 10 de mayo ardieron los libros. En veintidós ciudades universitarias alemanas. En Berlín el día anunciaba lluvia, mucha lluvia, así que los organizadores acudieron cargados de bidones de gasolina. El invitado de honor era Joseph Goebbels, el nuevo ministro de Propaganda. La anotación de su diario: «Al atardecer, discurso en la plaza de la Ópera. Ante la hoguera donde ardían los libros inmundos y mugrientos arrojados por los estudiantes. Inmensa concurrencia. Estoy en plena forma».

Estaba en plena forma. Hay una foto que lo atestigua: de pie, con gesto enardecido, el doctor en Filología Joseph Goebbels azuza a los estudiantes, que lo escuchan absortos y con el rostro iluminado por el fuego. También ha quedado grabado lo que gritaba:

> ¡En los últimos catorce años en los que vosotros, queridos estudiantes, habéis tenido que soportar en silencio el oprobio y la humillación de la República de Weimar, las bibliotecas se han llenado con los libros mugrientos e inmundos de los literatos de asfalto…!

Entre los literatos de asfalto cuyos libros fueron arrojados a la hoguera figuraban Heinrich Mann, Walter Benjamin, Bertolt Brecht, Alfred Döblin, Lion Feuchtwanger, Marieluise Fleißer, George Grosz, Ödön von Horváth, Georg Kaiser, Alfred Kerr, Egon Erwin Kisch, Karl Kraus, Klaus Mann, Albert Einstein, Carl von Ossietzky, Erwin Piscator, Alfred Polgar, Erich Maria Remarque, Joseph Roth, Ernst Toller, Kurt Tucholsky, Arnold Zweig, Stefan Zweig, Theodor Wolff, Georg Bernhard y Erich Kästner.

Este último estaba presente. Era de los pocos que se habían quedado en Berlín de forma voluntaria. Envuelto en una gabardina, empotrado entre imberbes con uniforme de las SA, Kästner fue testigo de cómo los estudiantes arrojaban los libros a la pira y pronunciaban las «proclamas del fuego». En la segunda de ellas aparecía su nombre, junto al de Heinrich Mann y al del escritor pacifista Ernst Glaeser: «¡Contra la decadencia y la ruina moral! ¡Por la disciplina y la moralidad en la familia y el Estado!».

Kästner refiere cómo los rostros de la guardia parda estudiantil, con la correa bajo el mentón, miraban fijamente hacia adelante, hacia la llamarada que recibía los libros aleteadores y hacia el «diablillo gestero» que seguía con sus diatribas.

Se retiró discretamente de allí. A su espalda se consumía el fuego y los presentes entonaban el *Horst Wessel Lied*.

Y después del fuego vino el horror. El Horror, con mayúscula. El que acertó aquí fue Heinrich Heine, que, más de un siglo antes, en su obra de teatro *Almansor*, había hecho decir a uno de sus personajes: «Allí donde se queman libros se acabará quemando a personas».

Pero eso es ya otra crónica.

A MODO DE EPÍLOGO

Es otra crónica y no creo que la escriba; no sabría cómo hacerlo. Pero no quiero terminar esta sin hacer una breve incursión en los años que vinieron después. Además, les debo alguna que otra información. Por ejemplo, lo que le sucedió a Hanussen.

Su racha triunfal duró pocas semanas. El 23 de marzo de 1933 fue arrestado por orden de su amigo Karl Ernst, el nuevo jefe de las SA de Berlín (Von Helldorff había ascendido a jefe de policía de Potsdam). Al frente del comando que lo detuvo iba su otro amigo, Wilhelm Ost. Metieron a Hanussen en una de las limusinas que solía poner a su disposición y se lo llevaron primero a la comisaría de Tempelhof y luego hacia las afueras de Berlín. Pararon en la carretera que va de Zossen a Baruth y, en el arcén, le pegaron tres tiros. Sobre los motivos se sigue especulando. Unos dicen que, en cuanto se enteraron del origen judío de Hanussen, Karl Ernst y Von Helldorff prefirieron no arriesgar sus carreras. Otros creen que fue por las deudas que ambos habían contraído con Hanussen; de hecho, el comando que registró el piso de Hanussen requisó pagarés y recibos a nombre de Von Helldorff. Probablemente fuera por ambas cosas, pero nunca se sabrá con certeza.

Von Helldorff tampoco acabó bien. Primero hizo carrera en el nuevo régimen; tras unos años como jefe de policía de Potsdam, fue nombrado jefe de policía de todo Berlín. Pero ya durante la guerra empezó a establecer contacto con grupos de la resistencia antinazi y, en 1944, incluso participó en la Operación Valquiria. Los historiadores discuten si fue por arrepentimiento o porque, en caso de triunfar el complot, quería asegurar su posición por ambos lados. Tampoco se sabrá nunca. Von Helldorff fue juzgado por su antiguo abogado defensor, Roland Freisler. Lo condenó a presenciar tres ejecuciones antes de ser colgado en un gancho de carnicero.

En cuanto a Roland Freisler, en el mismo juicio de la Operación Valquiria otro de los acusados, el teniente coronel Caesar von Hofacker, después de declarar que lo único que lamentaba era no haber logrado matar a Hitler, cansado de que Freisler lo interrumpiera una y otra vez, le espetó: «Ahora se calla usted. Hoy se trata de mi cabeza. En un año se tratará de la suya». Von Hofacker fue estrangulado pocos días después con cuerdas de piano. Pero su profecía resultó ser cierta. El 3 de febrero de 1945, cuando Freisler se encontraba en el refugio antiaéreo del Tribunal del Pueblo, una bomba lanzada desde un avión norteamericano lo alcanzó de lleno. Murió entre las actas de sus reos.

Basta ya. Me ahorro el «¿qué fue?» de Arnolt Bronnen. Porque es muy embrollado —dejó de ser nazi, luchó con los partisanos, ingresó en el Partido Comunista de Austria y acabó en la RDA— y porque, en realidad, quería dedicar el epílogo a los verdaderos protagonistas de esta crónica. Claro que su final no fue muy alentador. No hubo muchos finales felices para los clientes del Romanisches Café.

Wolfgang Koeppen, redactor del *Berliner Börsen Courier* hasta que, en diciembre de 1933, los nazis cerraron el periódico, publicó muchos años después un librito de prosa breve titulado *Romanisches Café*. De él saco este párrafo:

> Veíamos cómo el viento se llevaba la terraza y el café, que desaparecían con toda su carga espiritual y se esfumaban en la nada. Y los clientes del café se esparcían por todo el mundo, o eran apresados o asesinados, o se suicidaban o estaban allí, cabizbajos, leyendo algo insustancial, avergonzándose de la prensa oficial y de la gran traición.

Fueron pocos los que se quedaron allí cabizbajos. Erich Kästner hibernó hasta el final de la guerra en un exilio interior. Su situación era incómoda y la Gestapo lo interrogó en varias ocasiones, pero él no quería dejar sola a su madre. Otto Dix fue uno de los primeros catedráticos expulsados de la universidad. Se le prohibió exponer y sobrevivió, retirado en un pueblecito a orillas del lago de Constanza, gracias a la ayuda de amigos y a encargos privados. Rudolf Schlichter sobrevivió a duras penas: sus obras fueron declaradas «arte degenerado», y él pasó varios meses en prisión por su «conducta poco nacionalsocialista». La escultora Käthe Kollwitz también fue tildada de «artista degenerada» y malvivió en Alemania hasta su muerte, pocos días antes del fin de la guerra, sin poder exponer ni dar clases en la Academia de Bellas Artes de Prusia.

Más tarde o más temprano, la mayoría de los clientes del Romanisches Café se esparcieron por el mundo. Muchos de ellos se exiliaron en Estados Unidos: George Grosz, Valeska Gert, Thomas y Heinrich Mann, Alfred Döblin, Erich Maria Remarque, Alfred Polgar, Bert Brecht, Friedrich Holländer,

Albert Einstein, Elisabeth Hauptmann, Walter Mehring, Marlene Dietrich, Max Reinhardt, Georg Bernhard, Billy Wilder, Robert Siodmak, Mascha Kaléko… Gabriele Tergit, Sylvia von Harden y Elias Canetti emigraron a Inglaterra. Else Lasker-Schüler, a Palestina; está enterrada en el Monte de los Olivos.

Carola Neher se exilió en la Unión Soviética. En Moscú asistió a una reunión de emigrantes alemanes que fue luego denunciada por uno de los presentes como «conspiración trotskista». Era la época de la Gran Purga. La condenaron a diez años de trabajos forzados. A los cinco murió de tifus. La mejor actriz y la mujer más bella de Berlín acabó su vida en un gulag de los Urales.

Entre los apresados figura Egon Erwin Kisch. Lo detuvieron en la redada que se organizó justo después del incendio del Reichstag. Logró salir gracias a su nacionalidad checa. Pasó el exilio en Checoslovaquia, en Francia y, finalmente, en México; a este país dedicó un libro precioso: *Descubrimientos en México*.

En la misma redada detuvieron a Erich Mühsam. Tenía las tres lacras: era judío, rojo y homosexual. Lo deportaron al campo de concentración de Oranienburgo y lo conminaron a suicidarse. Se negó. Le inyectaron veneno y colgaron el cadáver de la cadena del retrete. Durante cinco años, de 1926 a 1931, Mühsam había conseguido mantener a flote su proyecto soñado en la cárcel: la revista *Fanal*. La anunciaba como el Órgano de la Asociación Anarquista, pero, al igual que Karl Kraus y su *Fackel*, él mismo componía casi todos los artículos.

Otro de los apresados esa noche fue Carl von Ossietzky. Gracias a una amnistía, había salido de la cárcel de Tegel en las Navidades de 1932. Pero Goebbels, en un discurso de Año Nuevo, ya anunció que sería el primero en caer. Una vez más, Ossietzky se negó a abandonar el país («como preso soy más incómodo»). Lo internaron en el campo de concentración de Sonnenburgo, al noroeste de Berlín. Murió de tuberculosis el 4 de mayo de 1938. No pudo recoger el Premio Nobel de la Paz que le habían concedido dos años antes.

Theodor Wolff, el director del *Berliner Tageblatt*, fue detenido en mayo de 1943, cuando se encontraba exiliado en Niza. Lo deportaron al campo de concentración de Sachsenhausen, donde enfermó gravemente de una infección bacteriana mal tratada. En septiembre de ese mismo año lo trasladaron para morir al Hospital Judío de Berlín.

Entre los clientes del Romanisches Café que se suicidaron está Ernst Toller. Fue expatriado en 1933 y, tras un periplo por diferentes países, obtuvo asilo político en Estados Unidos. El 22 de mayo de 1939, pocas semanas después de que las tropas de Franco tomaran Madrid, convencido de que el fascismo triunfaría en el mundo, se suicidó en su habitación del hotel Mayflower de Nueva York. Se ahorcó con la soga que acostumbraba llevar en su maleta de viaje.

Joseph Roth, refugiado en París, recibió la noticia del suicidio de Toller en el Café Le Tournon, su nuevo despacho. No dejó de beber hasta que sufrió un colapso. Lo internaron en un hospital para indigentes y murió a los cinco días. Cuenta su médico, Eduard Brocyner, que Roth le había dicho más de una vez que «sin alcohol, quizá no habría pasado de ser un periodista decente». Tal vez debamos al alcohol los artículos periodísticos más brillantes de los años veinte. Y algunas de las mejores novelas del siglo. Tampoco se sabrá nunca.

Un año después se suicidó Walter Benjamin. Había huido a París después del incendio del Reichstag y, en septiembre de 1940, ante la invasión alemana de Francia, trató de cruzar los Pirineos con la intención de exiliarse luego en Estados Unidos.

Fue retenido en la frontera por problemas con el visado y, temiendo ser entregado a la Gestapo, se envenenó en un hotel de Portbou. Siguen circulando especulaciones sobre un posible asesinato por parte de los nazis, o incluso de agentes de Stalin, pero no parecen muy fundadas.

También es sabido el final de Stefan Zweig; exiliado en Petrópolis, la noche del 22 de febrero de 1942 ingirió una sobredosis de Veronal. Pocos minutos después le siguió su mujer, Charlotte Altmann. Como Toller, Zweig estaba convencido de que el fascismo acabaría triunfando en el mundo, y se sentía incapaz de formar parte de él. Pocos meses después de su muerte salió su libro de memorias *El mundo de ayer*.

Kurt Tucholsky había fallecido seis años antes. Murió dos veces. Primero enmudeció tras el triunfo de los nazis. Enfermo de cáncer, se fue extinguiendo poco a poco en su casa de campo de Suecia, plagado de dolores, abatido y lleno de remordimientos. Se arrepentía especialmente de no haberse atrevido a volver a Berlín para apoyar a Carl von Ossietzky cuando lo metieron en la cárcel. El 19 de diciembre de 1935 escribió una carta a su amiga la médica suiza Hedwig Müller:

> En el caso de Oss [Ossietzky] ni siquiera fui. Le fallé. Por una mezcla de pereza, miedo, asco y desprecio. Pero tenía que haber ido. Ya sé que no hubiera servido de nada, que nos hubieran condenado a los dos, que probablemente hubiera caído en las garras de esas alimañas, todo eso lo sé; pero no puedo impedir la mala conciencia.

La tarde del día siguiente, Tucholsky tomó una sobredosis de barbitúricos. Voluntariamente o no. Enterraron sus cenizas bajo un roble cerca del castillo de Gripsholm, escenario de su última novela. Después de la guerra se colocó allí una lápida con la inscripción goetheana: «Todo lo transitorio es solo un símbolo». Él había propuesto otra: «Aquí descansa un corazón de oro y un pico de hierro. Buenas noches».

Die Weltbühne, la revista de ambos, había muerto el 7 de marzo de 1933. Se despidió con una profecía errada —por lo menos a medio plazo—: «Al final se acaba imponiendo el espíritu».

John Höxter es hoy un personaje prácticamente olvidado. Pero tiene una *Stolperstein*. Está en la Hardenbergstraße 28a, su domicilio en el barrio de Charlottenburg:

John Höxter
Año de nacimiento: 1884
Ultrajado / Privado de sus derechos.
Huyó a la muerte
15.11.1938

Höxter había escrito que «ante Dios y el camarero todos somos iguales». Pero no contaba con Hitler. Pasó varios años vegetando por las calles de Berlín, repudiado desde que los nazis prohibieran a los judíos visitar locales públicos. Cafés. Ya no le veía sentido a la vida. Poco después de la Noche de los Cristales Rotos —del 9 al 10 de noviembre de 1938—, se colgó de un árbol en un bosque cerca de Potsdam. En la carta de despedida que envió a su antiguo maestro, el pintor Leo von König, nos dejó otra frase demoledora: «Hágase cargo de la situación si nota que escribo de forma confusa y poco clara. Soy un suicida sin experiencia».

¿Y Kalle? En realidad, se llamaba Karl, Karl Brösecke, pero él prefería el chulapón y berlinés Kalle. De hecho, como informa nuestro historiador Géza von Cziffra, no respondía cuando le llamaban «Karl» o «Herr Brösecke». En la anécdota del camarero filósofo, Walter Benjamin no desvelaba el nombre del protagonista, pero yo estoy convencido de que fue Kalle. Era un hombre culto y conocido por sus sentencias; él mismo se calificaba de «Ateniense del Spree». Ya hemos dicho que le corregía los textos a Egon Erwin Kisch. Y los domingos por la mañana, cuando libraba, visitaba matinés teatrales. Hablaba con un fuerte deje berlinés, y dicen que cuando pronunciaba el nombre de Hitler lo hacía como si soltara un escupitajo. Seguro que no era solo por el acento.

Termino con una mención a uno de los personajes secundarios de esta crónica: Aly Herscovitz, la novia judía de Josep Pla. Cuando Hitler llegó al poder, huyó a París. El 16 de julio de 1942 fue detenida —junto a otros 12 833 judíos, 4 051 de ellos niños— en la conocida como Redada del Velódromo de Invierno (que recientemente ha provocado una controversia porque Marine Le Pen ha negado que Francia fuera responsable de ella). Las autoridades francesas internaron a Aly Herscovitz en el campo de concentración de Drancy y la entregaron luego a los nazis. Fue deportada a Auschwitz y no salió de allí. En el año 2009, un grupo de periodistas creó el blog multimedia «Aly Herscovitz. Cenizas en la vida europea de Josep Pla». Era un proyecto pionero que reunía noticias de una persona anónima asesinada en un campo de exterminio. Creo que el blog no sigue activo. Una pena.

BIBLIOGRAFÍA

ASPETSBERGER, Friedbert: *Arnolt Bronnen. Biographie,* Böhlau Verlag, Viena, 1995.

BATEMAN, John; KEPSER, Matthis y KUHN, Markus (eds.): *Film – Text – Kultur: Beiträge zur Textualität des Films,* Schüren Verlag, Marburg, 2012.

BENDIX, Reimar: «"Sie repräsentieren eine ganze Zeitepoche" – Dix' Bildnis der Journalistin Sylvia von Harden als Leitfigur einer neuen Kultur?», en *Verwaltete Kultur oder künstlerische Freiheit? Momentaufnahmen aus der Weimarer Republik* (Klaus-Dieter Weber, ed.), kassel university press, Kassel, 2002.

BENJAMIN, Walter: *Kleine Prosa. Gesammelte Schriften IV-1/2,* Suhrkamp, Berlín, 1991.

—: *Fragmente vermischten Inhalts. Autobiographische Schriften. Gesammelte Schriften VI,* Suhrkamp, Berlín, 1991.

BIENERT, Michael y BUCHHOLZ, Elke Linda (eds.): *Die zwanziger Jahre in Berlin,* Berlin Story Verlag, Berlín, 2013.

BLOM, Philipp: *Die zerrissenen Jahre 1918-1938,* Carl Hanser Verlag, Múnich, 2014.

CANETTI, Elias: *Die Fackel im Ohr,* S. Fischer, Berlín, 1982.

CZIFFRA, Géza von: *Der Kuh im Kaffeehaus,* Ullstein, Berlín, 1993.

—: *Der heilige Trinker. Erinnerungen an Joseph Roth,* Ullstein, Berlín, 2006.

DAHLKE, Günther y KARL, Günther (eds.): *Deutsche Spielfilme von den Anfängen bis 1933. Ein Filmführer,* Henschelverlag, Berlín 1993.

Die Weltbühne. Vollständiger Nachdruck der Jahrgänge 1918-1933, Athenäum Verlag, Königstein/Ts, 1978.

DÖRP, Peter: «Goebbels' Kampf gegen Remarque», en *Erich Maria Remarque Jahrbuch-Yearbook,* tomo III, Osnabrück, 1993, pp. 45-72.

FALTER, Jürgen W.: *Zur Soziographie des Nationalsozialismus. Studien zu den Wählern und Mitgliedern der NSDAP,* Gesis, Colonia, 2013.

FOHSEL, H. J.: *Im Wartesaal der Poesie,* Das Arsenal, Berlín, 1980.

FREI, Bruno: *Der Hellseher: Leben und Sterben des Erik Jan Hanussen,* Prometh-Verlag, Colonia, 1980.

FRIEDRICH, Otto: *Before the Deluge. A Portrait of Berlin in the 1920s,* Harper Collins, Nueva York, 1995.

FRÖHLICH, Elke (ed.): *Die Tagebücher von Joseph Goebbels (1924-1941),* K. G. Saur, Múnich, 1987.

FUEGI, John: *Brecht and Company,* Grove Press, Nueva York, 1994.

GOEBBELS, Joseph: *Das erwachende Berlin,* Franz Eher Verlag, Múnich, 1934.

HAIDER, Edgard: *Verlorene Pracht. Geschichten von zerstörten Bauten,* Gerstenberg, Hildesheim, 2006.

HEINE, Heinrich: *Historisch-kritische Gesamtausgabe der Werke,* Manfred Windfuhr (ed.), tomo 1, Hoffmann und Campe, Hamburgo 1994.

—: *Historisch-kritische Gesamtausgabe der Werke,* Manfred Windfuhr (ed.), tomo 5, Hoffmann und Campe, Hamburgo 1994.

HESSEL, Franz: *Spazieren in Berlin,* Berliner Taschenbuch Verlag, Berlín, 2012.

IRVING, David: *Goebbels. Mastermind of the Third Reich,* St Martins Press, Londres, 1996.

ISHERWOOD, Christopher: *Goodbye to Berlin,* HarperCollins, Londres, 1977.

KARASEK, Hellmuth: *Billy Wilder,* Hoffmann und Campe, Hamburgo, 2006.

KÄSTNER, Erich: *Splitter und Balken. Publizistik*, Carl Hanser Verlag, Múnich-Viena, 1998.

KARCHER, Eva: *Otto Dix. 1891-1969. Leben und Werk*, Taschen, Colonia, 1988.

KISCH, Egon Erwin: *Der rasende Reporter*, Aufbau Verlag, Berlín, 2010.

—: *Gesammelte Werke. Mein Leben für die Zeitung (1926-1947)*, Aufbau Verlag, Berlín, 1983.

KLUSSMANN, Uwe y MOHR, Joachim: *Die Weimarer Republik*, DVA, Hamburgo, 2015.

KOEPPEN, Wolfgang: *Romanisches Café*, Suhrkamp, Berlín, 1972.

KUGEL, Wilfried: *Hanussen: Die wahre Geschichte des Hermann Steinschneider*, Grupello-Verlag, Düsseldorf, 1998.

KUH, Anton: *Luftlinien. Feuilletons, Essays und Publizistik*, Verlag Volk und Welt, Berlín, 1981.

LANGE, Annemarie: *Berlin in der Weimarer Republik*, Dietz Verlag, Berlín, 1987.

LARGE, David C.: *Berlin. Biographie einer Stadt*, C. H. Beck, Múnich, 2002.

MADRASCH-GROSCHOPP, Ursula: *Die Weltbühne. Portrait einer Zeitschrift*, Bechtermünz Verlag, Augsburgo, 1999.

MANN, Heinrich: *Der Haß. Deutsche Zeitgeschichte. Essays*, S. Fischer, Fráncfort, 1987.

MARCUS, Paul: *Zwischen zwei Kriegen*, Transit, Berlín, 2013.

MENDELSSOHN, Peter de: *Zeitungsstadt Berlin*, Ullstein, Berlín, 1959.

METZGER, Rainer: *Berlin. Die 20er Jahre*, dtv, Viena, 2006.

MICHALSKI, Sergiusz: *Neue Sachlichkeit*, Taschen, Colonia, 1994.

MICHEL, Kai: *Vom Poeten zum Demagogen. Die Schriftstellerischen Versuche Joseph Goebbels, Böhlau Verlag, Colonia, 1999.*

MÜHSAM, Erich: *Unpolitische Erinnerungen*, Guhl, Berlín, 1977.

OLDEN, Rudolf: *Propheten in deutscher Krise. Das Wunderbare oder Die Verzauberten. Eine Sammlung*, Rowohlt, Berlín, 1932.

PLA, Josep: *Cartes a Pere*, Destino, Barcelona, 1996.

—: *Notas y dietarios*, Planeta, Barcelona, 2008.

PLIEVIER, Theodor: *Der Kaiser ging, die Generäle blieben*, S. Fischer, Fráncfort, 1984.

POLGAR, Alfred: *Das große Lesebuch*, Harry Rowohlt (ed.), Rowohlt, Hamburgo, 2004.

REMARQUE, Erich Maria: *Im Westen nichts Neues*, Kiepenheuer & Witsch, Colonia, 2012.

REUTH, Ralf Georg: *Goebbels. Eine Biographie*, Piper, Múnich, 2000.

RICHTER, Simone: *Joseph Goebbels – Der Journalist*, Franz Steiner Verlag, Stuttgart, 2010.

ROSENKRANZ, Jutta: *Mascha Kaléko. Biografie*, dtv, Múnich, 2012.

ROTH, Joseph: *Ich zeichne das Gesicht der Zeit. Essays. Reportagen. Feuilletons*, Wallstein Verlag, Gotinga, 2010.

SAFRANSKI, Rüdiger: *Romantik. Eine deutsche Affäre*, Hanser Verlag, Múnich, 2007.

SAHL, Hans: *Memoiren eines Moralisten. Das Exil im Exil*, Luchterhand, Múnich, 2008.

SALA ROSE, Rosa: *El misterioso caso alemán*, Alba Editorial, Barcelona, 2007.

SAVATER, Fernando: *Las ciudades y los escritores*, Debate, Madrid, 2013.

SCHEBERA, Jürgen: *Damals im Romanischen Café*, Westermann, Braunschweig, 1988.

SERKE, Jürgen: *Die verbrannten Dichter*, Beltz Verlag, Weinheim, 2002.

SIEMENS, Daniel: *Horst Wessel. Tod und Verklärung eines Nationalsozialisten*, Siedler, Múnich, 2009.

STÖBER, Rudolf: *Deutsche Pressegeschichte*, UVK, Múnich, 2014.

SUCKER, Juliane: *«Sehnsucht nach dem Kurfürstendamm». Gabriele Tergit – Literatur und Journalismus in der Weimarer Republik und im Exil*, Königshausen & Neumann, Wurzburgo, 2015.

SUHR, Elke: *Carl von Ossietzky. Pazifist, Republikaner und Widerstandskämpfer*, Wilhelm Heyne Verlag, Múnich, 1989.

TALESE, Gay: *Vida de un escritor,* Alfaguara, Madrid, 2012.

TERGIT, Gabriele: *Etwas Seltenes überhaupt. Erinnerungen,* Ullstein, Berlín, 1983.

—: *Käsebier erobert den Kurfürstendamm,* Arani Verlag, Berlín, 1988.

TODOROW, Almut: «Frauen im Journalismus der Weimarer Republik», en *Internationales Archiv für Sozialgeschichte der deutschen Literatur,* 16, Tubinga, 1991, pp. 84-103.

TUCHOLSKY, Kurt: *Ausgewählte Werke,* Rowohlt, Hamburgo, 1965.

UNSELD, Siegfried: *Bertolt Brechts Dreigroschenbuch,* Suhrkamp, Fráncfort, 1973.

VEIGL, Hans: *Einzelgänger & Exzentriker. Aussenseiter wider den Zeitgeist,* Böhlau Verlag, Viena, 2008.

WEIDERMANN, Volker: *Das Buch der verbrannten Bücher,* btb, Múnich, 2008.

WINKLER, Heinrich August: *Der lange Weg nach Westen. Deutsche Geschichte I. Vom Ende des Alten Reiches bis zum Untergang der Weimarer Republik,* C. H. Beck, Múnich, 2014.

ZIVIER, Georg: *Das Romanische Café,* Haude & Spenersche Verlagsbuchhandlung, Berlín, 1968.

ZUCKMAYER, Carl: *Als wär's ein Stück von mir,* S. Fischer, Viena, 1966.

—: *Geheimreport,* Wallstein, Gotinga, 2002.

ZWEIG, Stefan: *Briefe 1920-1931,* S. Fischer, Fráncfort, 2000.

—: *Die Welt von Gestern,* S. Fischer, Fráncfort, 2003.

ÍNDICE DE NOMBRES